Intrigue à la cour de Louis XIV

Renée Holler a toujours rêvé de devenir écrivain.
Après le bac, elle a fait des études d'ethnologie
et de géographie. Puis elle a voyagé, a travaillé
chez un éditeur et chez un libraire. Depuis 1992,
elle vit à Oxford, en Angleterre où elle réalise
son rêve : écrire des livres pour les enfants
et les adultes (www.reneeholler.com).

Hauke Kock est né en 1965 en Allemagne.
Enfant, il est tombé dans un tonneau d'encre.
Depuis, il ne cesse de dessiner et de peindre.
Depuis 1993, il est illustrateur indépendant.

Titre de l'édition originale :
Tatort Geschichte - Intrige am Hof des Sonnenkönigs
© 2010 Loewe Verlag GmbH, Bindlach
Responsable éditoriale :
Anne-Sophie Dreyfus
Direction artistique, création graphique
et réalisation : Cédric Ramadier
© Hatier, 2017, Paris
ISBN : 978-2-401-02783-1
ISSN : 2100-2843

Intrigue à la cour
de Louis XIV

écrit par Renée Holler
traduit en français par Sabine Boccador
illustré par Hauke Kock

1
Un vol au château

Le collier de perles s'était littéralement volatilisé. La mère d'Antoinette s'en était aperçu après le petit déjeuner et avait fouillé son appartement jusque dans ses moindres recoins.

– Tu l'auras égaré, soupira le comte de Mornay, le père d'Antoinette.

Comme chaque matin, il noua sa cravate et ajusta son habit. Il jeta un coup d'œil rapide dans le miroir, lissa ses moustaches et remit sa perruque en place.

– Je l'avais posé sur la commode hier soir avant d'aller dormir. Et aujourd'hui, il n'y est plus, dit-elle en montrant le meuble qui se trouvait près de la porte de la chambre des parents.

Assise sur un fauteuil dans un coin du salon, un dessin sur les genoux, Antoinette observait la scène. Encore quelques coups de crayon, et le dessin qu'elle faisait de Mimi, l'épagneul de sa mère, serait terminé. Mais il était impossible de continuer maintenant. Au lieu de rester immobile à poser, la chienne avait bondi et sautait en aboyant autour de sa maîtresse, qui recommençait à fouiller dans les tiroirs de la commode.

– Je dois retrouver ce collier!

Un par un, elle vidait les tiroirs sur le sol, où vinrent bientôt s'entasser foulards de soie, rubans, cravates et dentelles. Sophie, sa femme de chambre, était désemparée.

– Au nom du ciel, dois-tu porter ce collier aujourd'hui? N'as-tu pas assez de bijoux? demanda le comte impatient.

– Il ne s'agit pas d'aujourd'hui mais de jeudi prochain, répondit sa femme.

– Ah! Tu veux parler de la réception du doge?

Le comte avait compris ce à quoi sa femme faisait allusion. Dans trois jours, le roi devait accueillir le doge de Gênes dans la galerie des Glaces du château. Toute la cour serait présente. Et, comme toujours à Versailles, il importait non de voir, mais d'être vu.

– Exactement. Je dois porter ce collier jeudi. À moins que tu ne préfères tomber en disgrâce!

– Le roi ne s'intéresse pas aux colliers que tu portes!

Le comte jeta un coup d'œil fébrile sur sa montre gousset.

– Dans le cas présent, si. Il s'agit des perles qu'il m'a offertes pour les services que j'ai rendus à son épouse défunte! Il souhaite donc me les voir porter. Tu sais très bien comment il est capable de réagir dans de telles situations.

– D'ici-là, le collier aura certainement réapparu.

– Et que se passera-t-il s'il a été volé?

– Cela n'a pas de sens! Qui pourrait s'intéresser à ton collier?

Le comte regarda une nouvelle fois sa montre.

– Je dois m'en aller. C'est l'heure du lever du roi. Je n'ai pas de temps à perdre avec ces histoires de bonnes femmes.

En tant que favori, le comte de Mornay devait se rendre tous les matins dans la chambre à coucher du roi où avait lieu la cérémonie du lever. Lors de ce rituel, les nobles aidaient le roi à s'habiller. Le comte mit son chapeau et quitta la pièce.

Isabelle, la sœur aînée d'Antoinette, qui avait observé la scène sans mot dire, s'effondra dans un fauteuil en sanglotant.

– Si nous tombons en disgrâce, nous ne pourrons plus vivre au château. C'est impossible! balbutia-t-elle.

En coulant, les larmes étalèrent sur ses joues le maquillage qu'elle commençait à mettre depuis peu de temps.

La mère tenta de consoler sa fille d'un geste affectueux :

– Je sais bien, ma chérie. D'ici jeudi, nous aurons probablement retrouvé le collier.

– Bonjour, mes très chers, lança une voix joyeuse à travers la porte.

C'était Geneviève, la comtesse de Villiers, qui venait d'emménager dans l'appartement voisin. Toujours à la pointe de la mode, elle avait relevé ses cheveux et les avait ornés de piques et de rubans. La petite mouche ronde de velours noir posée sur sa joue rehaussait son teint poudré de blanc.

– Comment trouvez-vous ma nouvelle...

Elle s'interrompit, tandis que son regard allait d'Isabelle en pleurs au désordre qui jonchait le sol. Sophie avait entrepris de replier les foulards de soie.

– Que s'est-il passé ici?

– Le collier de perles de Maman a disparu, expliqua Antoinette. Elle pense qu'il a été volé.

– Oh, mon Dieu! C'est épouvantable! lança la jeune femme en s'écroulant dans un fauteuil. C'est le troisième vol dont j'entends parler au château.

– Le troisième vol? s'étonna Isabelle, dont les yeux pleins de larmes se mirent à étinceler.

Elle était toujours à l'affût des derniers ragots de la cour.

– Les boucles d'oreilles de la duchesse d'Arnaud se sont volatilisées, continua la comtesse. Le comte de Coubertin a perdu une précieuse épingle en diamant. Avec toute la vermine qui a accès au château, on n'est jamais trop prudent. Pas étonnant que chacun cherche maintenant à se procurer des secrétaires qui ferment à clé.

La mère restait muette. La comtesse de Villiers frappa dans ses mains.

– J'ai une idée. Après toutes ces émotions, vous avez besoin de changer d'air. Que diriez-vous d'une promenade dans le parc? Le temps est printanier.

Mimi, qui avait compris le mot «promenade», se mit à gambader entre les femmes et la porte en remuant la queue.

– D'accord, répondit la mère. Un peu d'air frais ne peut pas nous faire de mal.

De son côté, Antoinette n'avait aucune envie de se promener dans le parc. Elle avait plus important à faire.

– J'ai des étourdissements, prétendit-elle d'une voix faible en posant la main sur son front. Toute cette agitation...

Sa mère la regarda avec inquiétude :

– Si tu ne te sens pas bien, ma chérie, va donc t'allonger un peu.

Antoinette acquiesça et se retira dans sa chambre. Mais dès qu'elle entendit la porte se refermer, elle se releva. S'il s'agissait bien d'un voleur, il avait laissé des traces derrière lui. Et elle avait bien l'intention de les trouver.

L'appartement était vide. La femme de chambre avait suivi ces dames dans le parc. Antoinette réfléchit. Peut-être le collier avait-il glissé sur le sol entre le mur et la commode. Mais sous le meuble, elle ne découvrit que des moutons de poussière et un vieux bouton. À côté de la commode s'étalaient les coussins sur lesquels la chienne dormait la nuit. Un cambrioleur aurait dû la réveiller. Or l'épagneul n'avait pas aboyé. Cela ne voulait rien dire, car Mimi était tout à fait capable de continuer à dormir pendant qu'une bande de voleurs déménageait bruyamment l'appartement!

Sophie dormait avec les domestiques d'autres familles nobles dans une chambre située sous les toits. Et, depuis la chambre à coucher parentale, on n'aurait pas davantage perçu la présence d'un voleur, même si les murs du château avaient des oreilles.

Antoinette fut tirée de ses pensées par un coup frappé à la porte. Qui pouvait être assez mal élevé pour cogner ainsi comme un paysan, alors que l'usage à la cour était de gratter avec son ongle?

Sur le seuil, un garçon en veste et culotte courte lui tendit une lettre.

– Une missive pour la comtesse.

Il s'inclina si bas que ses cheveux blonds filasse lui tombèrent sur le visage. Puis il tourna les talons et longea le couloir à la hâte jusqu'à l'escalier.

Antoinette examina le pli. Comme toutes les lettres, c'était une feuille de papier pliée, mais celle-ci n'était pas cachetée. Ni le nom ni l'adresse de l'expéditeur n'étaient mentionnés. De qui provenait-elle? Sa mère ne recevait jamais de courrier. D'abord hésitante, Antoinette finit par déplier la missive. Si elle s'y prenait bien, personne ne remarquerait qu'elle l'avait ouverte. Elle entreprit de la lire, mais dut bientôt s'interrompre.

Malgré tous ses efforts, elle ne comprenait pas un traître mot. Que ferait donc sa mère devant un tel charabia? Soudain, une idée lui vint : le roi Louis utilisait des messages codés pour communiquer avec ses généraux. C'était cela, bien sûr! Grâce à cet indice, elle parvint à déchiffrer tous les mots.

Que dit le message?

2
Une enquête infructueuse

Antoinette ne comprenait plus rien. Comment sa mère aurait-elle pu voler son propre collier ? C'était impensable. Cette lettre ne lui était sans doute pas adressée. Comme elle ne mentionnait pas de destinataire, elle pouvait très bien avoir été envoyée à Isabelle. Une voleuse, Isabelle ? Impossible ! La sœur aînée d'Antoinette avait bien ses petits secrets. Antoinette savait qu'elle rencontrait un jeune courtisan en cachette. Serait-ce lui qui aurait signé la lettre avec un G. ? Elle savait juste que le courtisan d'Isabelle portait le nom de Lamotte. La lettre parlait d'un plan. Voulaient-ils fuguer ensemble ? Était-ce pour cela qu'Isabelle aurait volé le collier ? Et quel dessin devait-elle trouver ?

Antoinette n'avait plus qu'une chose à faire : se rendre dans les box des chevaux de la Grande Écurie pour observer ce qu'il s'y passait. Elle regarda l'heure : il était presque onze heures. Il lui restait peu de temps avant la rencontre. Elle devait agir tout de suite. Mais qu'allait dire sa mère si elle ne la trouvait pas au lit à son retour ?

Sans perdre une minute, Antoinette lui écrivit un mot dans lequel elle expliquait qu'elle allait mieux et qu'elle avait dû se rendre chez une amie dans l'aile nord du château. Le second problème était plus difficile à résoudre. Une jeune fille avait le droit de se promener seule dans le château et les jardins mais dans l'écurie, sans être accompagnée, elle risquait d'attirer l'attention. Elle ne pouvait pas se permettre de prendre ce risque. Une idée lui vint alors. Elle allait se déguiser en garçon !

Dans la pièce voisine se trouvait un coffre où sa mère conservait de vieilles affaires : des choses dont elle n'avait plus besoin, mais dont elle ne voulait pas se séparer. En un clin d'œil, Antoinette ouvrit le coffre et s'agenouilla. Cela sentait un mélange de lavande et de renfermé. Tout au fond, elle trouva ce qu'elle cherchait : un vieux pantalon, une chemise et une veste qui appartenaient à son frère aîné. Léon avait intégré une école militaire et il revenait rarement à Versailles.

Elle se déshabilla et enfila les vieux vêtements de son frère. Usé au niveau des genoux, le pantalon n'était plus à la mode, mais le déguisement faisait illusion. Elle dénoua le ruban de soie rose qui retenait ses cheveux et secoua ses boucles brunes.

Heureusement, la mode était aux cheveux longs pour les garçons. Lorsqu'elle se scruta dans le miroir, elle vit un jeune garçon en face d'elle. Antoinette était devenue Antoine.

Avant de se rendre à l'écurie, il lui restait une chose à faire. Comme ses parents ne devaient rien savoir de son escapade, il fallait qu'elle puisse se changer discrètement. Sa famille serait de retour avant elle. Elle était obligée de trouver un endroit où cacher ses vêtements. Elle réfléchit. Dans le couloir, des ouvriers appliquaient de l'enduit sur les murs. En construction depuis plusieurs années, l'aile sud du château n'était pas encore terminée. Il y avait partout des échafaudages couverts de bâches. Antoinette put dissimuler son paquet de vêtements sous l'une d'entre elles.

Bientôt, un jeune garçon vêtu d'un vieux pantalon et d'une veste démodée pénétra dans la cour du château par la porte dorée. Les gardes, près de la grande porte, ne lui prêtèrent aucune attention. Pendant la journée, le château était accessible à tous. Les gardes étaient donc habitués aux va-et-vient incessants. Antoinette traversa la cour en direction de l'écurie. L'activité battait son plein. Mieux valait éviter de se mettre en travers du passage des calèches et des chaises à porteurs.

Elle passa devant une troupe de mousquetaires à cheval auxquels le capitaine donnait ses ordres d'une voix tonitruante. Antoinette les vit partir au galop en direction de Paris, laissant traîner derrière eux un gros nuage de poussière. La fillette se dirigea vers le bâtiment en demi-lune qui se trouvait à droite de l'allée. Là, les courtisans avaient la possibilité de louer des chevaux et des calèches. On entendait les marteaux de la forge résonner depuis le bâtiment de derrière.

En pénétrant dans l'écurie, Antoinette fut saisie à la gorge par les odeurs de sueur et de fumier. Dans une longue allée d'arcades, les box s'alignaient. Le roi possédait plus de six cents chevaux, qui n'étaient pas tous rassemblés ici. Les chevaux de dressage et les montures royales vivaient dans la Grande Écurie, de l'autre côté de l'allée.

Il devait être près de midi. Malgré le brouhaha incessant, Antoinette entendit retentir une cloche. L'horloge ornant la façade du château sonnait douze coups. Comment trouver cette personne qui signait G.? Elle s'attendait à voir surgir sa sœur, lorsqu'elle entendit une voix familière. Son père était dans l'écurie! La lettre secrète lui était-elle adressée, à lui et non à la comtesse ou à Isabelle?

Son père se dirigea droit vers elle. Catastrophe! Elle se cacha vite derrière la cloison de bois d'un box ouvert à côté d'elle. Son père ne risquait pas de la voir.

– Prends garde! La jument est calme, mais si tu t'approches trop, tu vas l'énerver, avertit une voix derrière elle.

Antoinette se retourna.

Près d'elle, un immense cheval noir s'ébrouait. Un garçon d'écurie lui tapotait l'encolure et lui parlait pour le rassurer.

– Doucement, ma belle. Ce garçon ne te veut aucun mal.

Il se tourna vers Antoinette :

– Veux-tu louer un cheval ?

Il attrapa une brosse suspendue au clou de l'une des cloisons du box et se mit à lustrer le poil de la jument.

Antoinette fit non de la tête en se blottissant dans un coin du box. Puis elle regarda par-dessus la cloison donnant sur l'allée. La voix de son père était toute proche. Il demandait à un autre garçon d'écurie de lui seller un cheval.

– As-tu fait une bêtise ? insinua le garçon affairé avec un sourire moqueur.

– Chut ! Tais-toi !

Le cœur d'Antoinette battait la chamade. En aucun cas, son père ne devait la surprendre dans l'écurie en tenue de garçon ! Sans compter qu'elle voulait savoir s'il avait prévu de rencontrer quelqu'un ici. Mais il attendait que son cheval soit sellé. Après quoi, il l'enfourcha et s'éloigna.

– C'était moins une !

La fillette poussa un énorme soupir de soulagement.

– Pourquoi t'es-tu cachée ?

Antoinette avait complètement oublié le garçon.
Elle se tourna vers lui et l'observa. Sa voix lui rappe-
lait quelque chose.

– C'est toi qui as apporté la lettre ce matin.

Elle aurait reconnu entre mille ce garçon blond
aux cheveux filasse. Il savait certainement qui était
le fameux G. ! Cela lui permettrait d'avancer dans
son enquête.

– Qui t'a demandé de porter cette lettre ? interro-
gea-t-elle.

– Je ne vois pas de quoi tu parles, répondit le
garçon. Je n'ai porté de lettre à personne. D'ailleurs,
comment aurais-je pu ? J'ai passé la matinée à nettoyer les box.

– Je te reconnais pourtant.

En disant ces mots, Antoinette réalisa qu'elle était
habillée en garçon. Son interlocuteur ne pouvait pas
deviner que, une heure plus tôt, elle se trouvait dans
l'appartement du château.

– J'ai vu que tu remettais un pli à ma sœur, ajouta-t-elle aussitôt.

Le garçon brossait le dos de la jument en détournant les yeux.

– Je ne sais pas de quoi tu parles, répéta-t-il. D'ailleurs, je ne vois pas comment j'aurais fait avec les gardes du château. Crois-tu qu'ils laisseraient un garçon d'écurie se rendre aux appartements des courtisans dans l'aile sud du château ? C'est impossible !

Il lui jeta un coup d'œil rapide et ajouta :

– Maintenant tu ferais bien de sortir du box si tu ne veux pas que la jument se mette à ruer.

Antoinette sortit, mais elle continua à observer discrètement le garçon d'écurie par-dessus la clôture. Elle en était convaincue : il mentait.

Comment Antoinette sait-elle que le garçon ment ?

3
Retrouvailles
dans le parc du château

– Ne me cafte surtout pas auprès du maître des écuries, supplia le garçon.

Il avait fini par avouer qu'il avait porté la lettre au château. Il regardait avec inquiétude vers l'entrée, où un homme vêtu de l'uniforme rouge et bleu du personnel de la cour et coiffé d'un tricorne donnait des ordres à un autre garçon d'écurie.

– Il ne doit pas savoir que j'ai quitté l'écurie pour aller faire une course.

La brosse toujours à la main, il se mit à démêler la crinière de la jument.

– Ne crains rien. Je ne te trahirai pas, répondit Antoinette en observant le soin que le garçon portait à son travail. Qui t'a donné cette lettre?

Le garçon haussa les épaules.

– C'était un jeune homme dont je ne connais pas le nom. Je ne l'avais jamais vu. Il m'a expliqué où je devais remettre la lettre et m'a donné une pièce de cuivre en échange.

– T'a-t-il dit à qui la lettre était adressée?

– Non, il ne m'a pas indiqué de nom. Je devais juste la porter dans l'aile sud, chez la comtesse.

– Le vois-tu ici dans l'écurie?

– Comment? Tu veux savoir s'il est là à présent?

Antoinette acquiesça.

– Non, répondit-il après avoir regardé dans toutes les directions. Je ne le vois nulle part.

Antoinette, qui était restée près du box, réfléchissait. Elle avait décidé de parler au garçon du collier volé et du message étrange. Il aurait peut-être une idée. Mais elle préféra ne rien dire des soupçons qu'elle avait à propos de sa mère et de sa sœur.

Le garçon l'écouta attentivement.

– Si l'homme revient par ici, je pourrai le suivre, proposa-t-il, songeur. Comme un mousquetaire qui travaille au service du roi! ajouta-t-il en riant.

Ayant fini de démêler la crinière de la jument, il suspendit la brosse au clou de la cloison du box.

– Si je découvre ce qu'il a fait du collier, je pourrai me rendre au château pour te prévenir. Habites-tu dans le même appartement que ta sœur?

Antoinette acquiesça vivement.

– Comme ça, je pourrai te tenir au courant. Au fait, je m'appelle Jean, dit-il en lui tendant la main.

La fillette la lui serra et hésita :

– Je m'appelle... Antoine, se décida-t-elle. Je te remercie beaucoup pour ton aide.

– À votre service, ajouta-t-il malicieusement. Maintenant, il faut que je nettoie les box si je ne veux pas me faire repérer par le maître des écuries.

Il empoigna une fourche posée dans un coin.

Antoinette décida de rentrer au château. Il était bientôt une heure. La lettre mentionnait midi pétant. Sa mère et sa sœur ne viendraient plus maintenant. Peut-être n'était-ce pas le bon jour. À moins qu'elles n'aient pas vu la lettre. Cela n'avait pas de sens de s'attarder dans l'écurie.

– Souviens-toi bien d'une chose : tout cela doit rester entre nous, précisa-t-elle au garçon avant de s'éloigner.

Jean, qui avait commencé à ramasser le fumier avec la fourche, se tourna vers elle.

– Je le jure sur mon honneur, promit-il en posant la main sur son cœur.

Puis il se remit à nettoyer le box.

Le lendemain, à l'heure du déjeuner, la comtesse de Mornay et ses deux filles étaient attablées dans le salon de l'appartement. Le comte avait des affaires importantes à régler avec le roi. Il n'était pas prévu qu'il déjeune avec elles. Les assiettes en argent remplies de mets venaient d'arriver de la cuisine royale. Il n'y avait pas de cuisine dans les appartements. Il fallait commander les repas chauds ou bien se les procurer chez les marchands installés devant le château.

– Qu'allons-nous faire si le collier reste introuvable ? s'inquiéta Isabelle.

Assise à côté d'Antoinette, elle se contentait de picorer dans son assiette. Depuis la disparition du collier, toutes les conversations tournaient autour de ce sujet.

– Je l'ignore, répondit la comtesse. Votre père en a parlé au chef de la garde. Nous pouvons juste espérer que les gardes parviennent à retrouver le voleur et le collier.

Antoinette saisit un morceau de faisan rôti entre le pouce et l'index et le porta à sa bouche. Tout en mâchant, elle fixait sa sœur. Si la lettre lui avait été adressée et si c'était elle qui avait volé le collier de perles, elle était visiblement experte dans l'art du mensonge. La veille, lorsqu'Antoinette était rentrée de l'écurie, la lettre ne se trouvait plus sur la table. Personne n'y avait fait allusion. Elle-même n'avait pas osé poser de question.

– Antoinette ! s'exclama sa mère en tirant la fillette de ses pensées. Prends ta fourchette pour manger !

– Mais le roi mange avec les doigts, lui aussi ! protesta Antoinette, la bouche pleine.

– Tu n'es pas le roi de France, seulement la fille d'un courtisan. Apprends à te comporter à table comme une dame raffinée !

Antoinette essuya ses doigts sur sa serviette en soupirant et prit sa fourchette. Soudain, on frappa à la porte. Mimi, la chienne de la comtesse, se mit à aboyer. Sophie, qui était en train de desservir la table, leva la tête.

– J'y vais, lança Antoinette.

C'était certainement Jean. Il était le seul à cogner à la porte, au lieu de la gratter discrètement.

– Antoinette! ordonna la mère. C'est à la femme de chambre d'aller ouvrir. Reste assise.

Mais la fillette était déjà devant la porte.

C'était bien le garçon d'écurie.

– C'est un domestique de Louise, cria-t-elle à sa mère.

Louise était une fillette qui vivait dans l'aile nord du château. Il n'y avait rien d'inhabituel à cela. La comtesse et Isabelle reprirent leur conversation sans s'inquiéter davantage.

– Pourrais-je parler à Antoine, s'il vous plaît? demanda le garçon d'écurie.

Déconcerté, il dévisageait Antoinette.

– Antoine?

D'abord surprise, Antoinette se reprit. Bien sûr, c'était son frère que Jean pensait avoir rencontré dans l'écurie!

– Mon frère n'est pas là pour le moment, répondit-elle aussitôt. Mais tu peux me dire de quoi il s'agit.

– Non, répliqua le garçon en secouant la tête. Je dois lui parler personnellement.

Antoinette réfléchissait. Elle ne voulait pas expliquer à Jean, devant la porte, qu'Antoine et elle étaient la même personne. Elle devait trouver une idée pour se tirer d'embarras.

– Je sais que mon frère veut se rendre dans le parc du château cet après-midi, reprit-elle. Tu pourras l'y retrouver.

– Mais le parc est immense, objecta le garçon. Comment ferai-je pour le trouver ? Tu pourrais peut-être lui transmettre un message ?

– Bien sûr, répondit-t-elle. Nous nous voyons tout à l'heure.

– Dis-lui que je serai à quatre heures au bassin d'Apollon. Je l'y attendrai. C'est important.

Il la regarda, et s'éloigna dans le couloir.

Peu avant quatre heures, Antoinette descendit les marches de la terrasse en direction du parc, dans sa tenue de garçon.

Sa mère, qui jouait aux cartes tous les mardis avec ses amies, ne s'opposa pas à ce que sa fille aille se promener dans les jardins. Elle était cependant loin d'imaginer qu'elle se déguisait en garçon pour rencontrer un garçon d'écurie. La fillette se dirigea d'un bon pas dans la grande allée vers le bassin d'Apollon. Là, le char d'Apollon émergeait de l'eau tiré par quatre chevaux. C'était une splendide sculpture de bronze. Un peu plus loin, on apercevait le canal qui scintillait sous le soleil de l'après-midi. L'air sentait le printemps.

Antoinette n'avait pas le temps d'admirer ce parc somptueux. Elle devait retrouver Jean. Elle n'avait toutefois pas prévu qu'il y aurait tant de monde. En cet après-midi chaud et printanier, le Tout-Versailles semblait être de sortie. Partout, des petits groupes de dames et de courtisans se rassemblaient pour discuter des derniers potins. D'autres promenaient leurs chiens ou admiraient les statues en bordure des allées. Là, devant les haies de buis, les faunes, les nymphes et les dieux grecs de pierre observaient les visiteurs du haut de leur socle. Le garçon était introuvable. Le maître des écuries l'avait-il empêché de sortir ou bien était-ce un simple retard ? Soudain, Antoinette l'aperçut.

Où est
Jean ?

4
Une révérence de trop

– Qu'as-tu découvert ? demanda Antoinette tout essoufflée.

Le garçon d'écurie jeta un regard inquiet autour de lui. Les passants ne s'intéressaient guère aux deux enfants près de la statue.

– L'homme qui m'avait remis la lettre est revenu à midi dans l'écurie, commença-t-il. Il s'appelle...

Interrompu par un sifflement strident, Jean ne parvint pas à terminer sa phrase. L'eau calme du bassin s'était mise à jaillir sous le soleil printanier. Le char et ses chevaux projetaient de puissants jets d'eau. À côté du char, les poissons de bronze, qui ouvraient leur bouche immense, crachaient aussi de l'eau. La mise en route du bassin ne pouvait signifier qu'une chose : l'approche du roi Louis. Comme l'eau était une denrée rare et chère, on réservait les jeux d'eau des jardins de Versailles à la promenade du roi. Quelques instants plus tard, il apparut avec sa suite dans l'une des allées transversales qui débouchaient sur le bassin d'Apollon.

Le roi voulait profiter du soleil du printemps. Il était suivi par un groupe de courtisans et de dames de la cour, élégamment vêtus, qui conversaient à bâtons rompus. Antoinette poussa un soupir de soulagement en constatant que son père n'était pas parmi eux. Il devait être occupé à préparer la prochaine visite officielle et n'avait pas le temps de participer à la promenade du roi. La fillette baissa la tête devant le monarque en signe de respect et fit une révérence. Jean, lui, s'inclina profondément.

Lorsqu'Antoinette releva la tête, elle chuchota avec émotion :

– L'homme à la longue perruque brune, c'est Charles Lebrun, le peintre de la cour. Il a fait le décor de la galerie des Glaces.

Elle admirait ses œuvres et rêvait de peindre un jour aussi bien que lui, même s'il lui fallait encore beaucoup travailler.

Jean ne l'écoutait pas. Il la fixait, l'air moqueur :

– Tu viens de faire une révérence devant le roi!

De surprise, la fillette porta la main à sa bouche. Elle avait complètement oublié qu'à ce moment précis, elle n'était plus Antoinette mais Antoine. Or les garçons ne faisaient pas de révérence, ils s'inclinaient.

Le garçon d'écurie continuait à s'amuser d'elle :

– Je l'ai tout de suite su. Ta sœur et toi, vous n'êtes qu'une seule et même personne.

Embarrassée, Antoinette hocha la tête.

– Ne me trahis pas, supplia-t-elle. Si mon père apprend que je me déguise en garçon, il m'enverra au couvent.

– Ne crains rien, ton secret sera bien gardé. Aussi longtemps que tu ne révéleras pas au maître des écuries que je me promène dans le parc au lieu de travailler, répondit-il en souriant.

– Marché conclu ! s'exclama Antoinette en lui tendant la main. Maintenant, dis-moi : qu'as-tu découvert ?

– Eh bien, reprit le garçon, l'homme qui m'a remis la lettre se prénomme Gilles. Il est venu à midi à l'écurie, où il avait rendez-vous avec un homme plus âgé, qu'il appelait monsieur Brinon. Ils attendaient une femme, la fiancée de Gilles. Au début, Gilles pensait qu'elle avait seulement du retard. Il répétait sans cesse qu'il lui avait fait parvenir un message hier et qu'elle n'allait pas tarder à arriver. Mais elle n'est pas venue. Monsieur Brinon était donc assez en colère.

– C'était certainement la lettre que tu m'as apportée, l'interrompit Antoinette. Si la rencontre devait avoir lieu aujourd'hui, je comprends mieux pourquoi hier j'ai attendu en vain. Que s'est-il passé ensuite ?

– Monsieur Brinon a dit que s'il voulait agir jeudi prochain comme prévu, il devait entrer en possession du dessin aujourd'hui. Sinon, il n'aurait pas le temps d'effectuer le travail. Il a insisté, Gilles devait joindre sa fiancée sur-le-champ pour lui demander de venir au labyrinthe.

– Au labyrinthe? Pourquoi?

– Monsieur Brinon voulait y rencontrer la femme ce soir à neuf heures. En plus du dessin, elle devait apporter le bijou volé.

Il regarda avec inquiétude en direction de la terrasse du château. Le roi et sa suite montaient les marches. Les jets d'eau du bassin d'Apollon s'étaient arrêtés. Seul le bassin situé devant la terrasse fonctionnait encore.

– À mon avis, poursuivit le garçon, il ne s'agit pas d'une simple affaire de vol de collier.

– Penses-tu que le roi soit en danger? chuchota Antoinette.

Jean serra les poings.

– Ils veulent agir jeudi prochain. Cela ressemble à la préparation d'un attentat contre le roi ou le doge de Gênes.

Tout le monde savait à Versailles que le haut dirigeant italien serait accueilli en grande pompe jeudi dans la nouvelle galerie des Glaces.

– Mais quel est le rapport avec le collier de ma mère ?

Antoinette ne comprenait pas.

– Pour le savoir, il n'y a qu'une chose à faire, réagit le garçon, aller au labyrinthe ce soir. Peut-être pourrons-nous comprendre ce qu'ils mijotent. Ensuite, nous préviendrons la garde du roi.

Un attentat contre le roi ? Sa sœur et son ami ne pouvaient pas être impliqués. Antoinette la croyait tout à fait capable de se fiancer en secret avec le jeune homme, mais de là à comploter traîtreusement contre la famille royale. Jamais de la vie !

– Monsieur Brinon a-t-il précisé où la femme devait le retrouver?

Antoinette connaissait le labyrinthe de Versailles. On pouvait facilement se perdre dans son dédale d'allées. Entre les hautes haies de buis touffu, certaines se terminaient en impasses ou bien revenaient toujours au même endroit.

– Oui, il a décrit l'endroit où elle doit se rendre, répondit le garçon.

– Parfait! s'exclama Antoinette. Viens avec moi!

Elle prit Jean par la main et l'entraîna en direction du château.

– Il existe un livre sur le labyrinthe de Versailles.

Avec un peu de chance, nous le trouverons chez le libraire du château.

Au rez-de-chaussée du palais, à l'endroit où la nouvelle aile sud rejoignait le bâtiment principal, des marchands triés sur le volet avaient le droit d'installer des stands près du grand escalier et sous les arcades. On pouvait leur acheter des châles de soie, des cravates, des rubans, des flacons de parfum et autres articles de luxe appréciés des courtisans. Le libraire de la ville était autorisé lui aussi à y tenir son stand pour vendre des prospectus et des parutions récentes. Il aurait certainement en stock le livre sur le labyrinthe. Charles Perrault, un ami du père d'Antoinette, en était l'auteur. La fillette adorait ce livre, avec ses illustrations de fontaines qui représentaient les animaux des fables d'Ésope.

Peu après, les deux enfants étaient devant le stand du libraire. Antoinette mit peu de temps à trouver Le Labyrinthe de Versailles. Après l'avoir feuilleté, elle tomba sur la page où figurait le plan du labyrinthe. À ses côtés, Jean étudiait le dédale des allées sur l'illustration. Les sourcils froncés, il s'efforçait de se souvenir des propos de monsieur Brinon.

– Elle doit passer par l'entrée principale du labyrinthe et tourner à gauche à la première bifurcation, commença-t-il.

– Puis tout de suite à droite. Au croisement suivant, elle doit prendre l'allée légèrement sur la droite qui finit sur une fontaine. Il lui faut alors suivre l'allée de gauche et rester à gauche dans la courbe. Ensuite, elle doit prendre la première à droite, passer devant une autre fontaine et continuer tout droit avant de tomber sur celle du Corbeau et du Renard. Brinon l'attendra là.

– Les livres sont à vendre, pas à feuilleter! gronda la voix sévère du libraire.

Il prit le livre des mains du garçon et le reposa avec les autres sur la table.

Maintenant, les enfants savaient où monsieur Brinon avait prévu de rencontrer la femme. Ils se donnèrent rendez-vous peu avant neuf heures au labyrinthe. Dans son for intérieur, Antoinette espérait que la femme ne serait pas sa sœur.

Où est le point de rencontre?

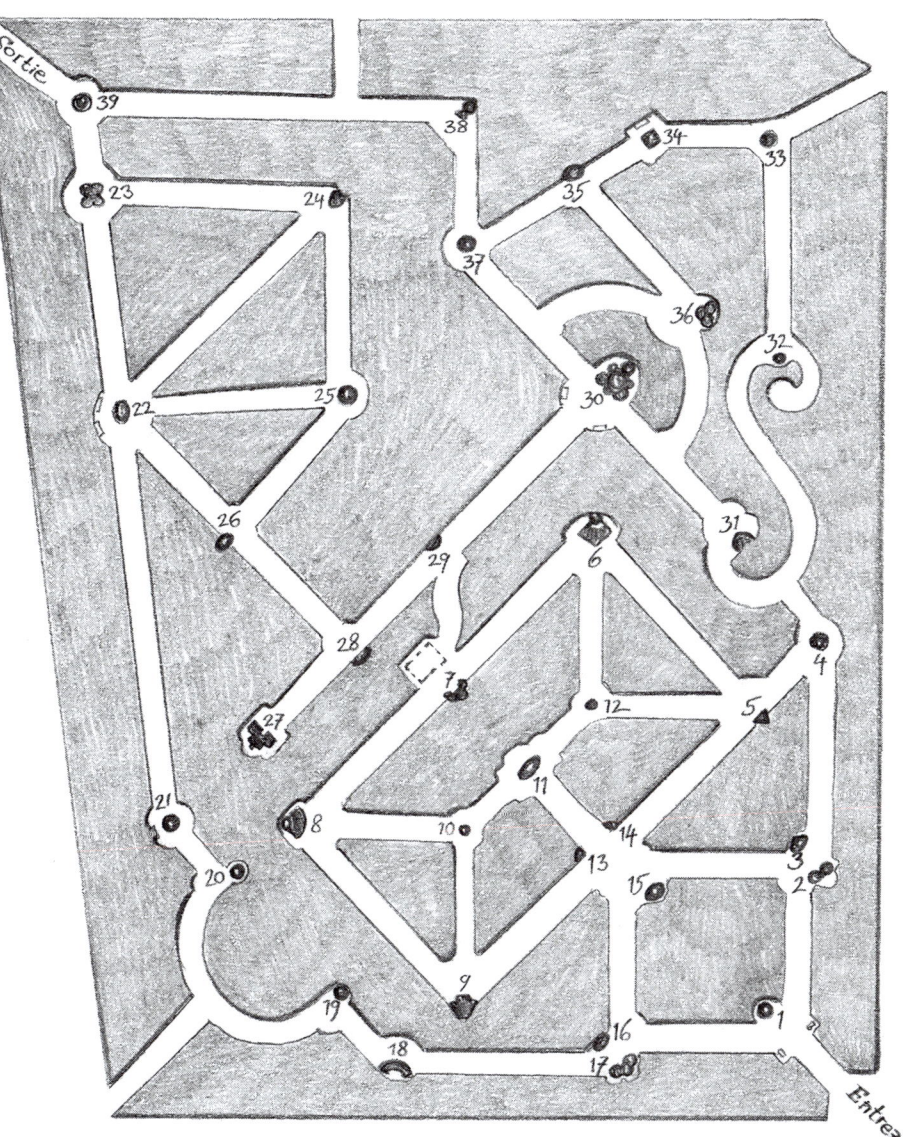

5
Surprise dans le labyrinthe

Antoinette montait à l'appartement en courant. Au pied des escaliers, les marchands avaient commencé à remballer leurs affaires. Les artisans qui enduisaient les murs de crépi à l'étage au-dessus se préparaient eux aussi à partir. Elle devait se dépêcher, car sa mère risquait de s'inquiéter de ne pas la voir rentrer de sa promenade.

– Eh! Petit, regarde où tu marches!

Un plâtrier la retint au dernier moment. Il poussa sur le côté un bac dans lequel il avait rangé spatules et truelles, en vue de la journée du lendemain.

– Pardonnez-moi! cria-t-elle et elle partit en courant.

L'échafaudage sous lequel elle avait caché ses vêtements n'était plus loin. Alors qu'elle allait se glisser sous la bâche, une main l'attrapa par l'épaule :

– Un instant, ma petite, qu'as-tu l'intention de faire ici?

Le comte de Mornay foudroyait sa fille du regard. Son père l'avait suivie dans l'escalier à son insu.

Penaude, Antoinette se tenait dans le salon, la tête basse. Seule Mimi, la chienne, lui faisait la fête en

remuant la queue. Peu lui importait le déguisement.
Stupéfaites, sa mère et sa sœur la dévisageaient.

– C'est le vieux pantalon de Léon.

La comtesse de Mornay avait immédiatement
reconnu les vêtements usagés de son fils.

– Comment se fait-il que tu te promènes avec ses affaires dans le château? C'est scandaleux! Il faut espérer que personne ne t'a reconnue. Quelle honte! Que t'est-il passé par la tête?

Antoinette voulait se justifier. De toutes façons, le déguisement était indispensable pour découvrir où était passé le collier de sa mère. Mais un coup d'œil à sa sœur l'arrêta. Si jamais elle était impliquée dans l'affaire, mieux valait ne rien dire. Antoinette devait d'abord comprendre ce qui se tramait pour jeudi.

– La raison, c'est que ta fille n'est pas bien éduquée. Sa gouvernante ne pense qu'à lui mettre des sottises dans la tête. Au lieu de lui apprendre l'Histoire, elle la laisse peindre.

La moustache du comte tremblait, comme à chaque fois qu'il se mettait en colère.

– Au fait, où est la gouvernante? Je ne l'ai pas vue cette semaine.

– Mademoiselle Dupont a pris quelques jours de congé, répondit la comtesse.

La gouvernante, qui donnait des cours le matin à Antoinette et à Isabelle, avait dû rentrer précipitamment dans sa famille, à Paris.

– Comment pouvons-nous donner un enseignement convenable à nos filles si leur gouvernante prend des libertés? gronda le père. Faut-il donc que je m'occupe de tout? Antoinette serait beaucoup mieux éduquée à l'école d'un couvent! Les nonnes lui retireraient toutes ces absurdités de la tête et lui apprendraient à se tenir comme une fille digne de son rang.

Antoinette frémit à cette idée. Elle ne voulait surtout pas fréquenter l'école d'un couvent. Et puis, elle aimait bien mademoiselle Dupont.

– Quant à toi, dit son père en s'adressant à elle, file dans ta chambre. Demain, tu seras privée de sortie et tu passeras ta journée à lire les historiens romains. Ton cahier de dessins et ta peinture sont désormais confisqués.

– Mais Papa..., se risqua-t-elle.

Son père ne la laissa pas parler.

Ce soir-là, Antoinette était allongée tout habillée sous la couverture. Comme sa mère lui avait confisqué le pantalon de son frère, elle portait une robe. Pour rien au monde, elle ne voulait manquer le rendez-vous du labyrinthe. Elle se creusait la tête : comment s'échapper de l'appartement sans être vue? Ses parents étaient sortis avec Isabelle, mais Sophie montait la garde dans la pièce voisine. Le comte lui avait ordonné de ne pas perdre Antoinette de vue. La fillette fit le tour de sa chambre.

La pièce n'avait pas de fenêtre. Et même s'il y en avait eu une, il était impossible de descendre de si haut. La seule issue envisageable était la porte en tapisserie.

À côté du lit à baldaquin se trouvait une petite porte, à peine visible, dans le mur. Comme les autres murs de la chambre, elle était recouverte d'une tapisserie de velours vert à motifs de feuilles et de fleurs. Les parents avaient interdit aux enfants de franchir cette porte.

Ils disaient que c'était trop dangereux. Parfois, la nuit, on entendait des bruits de pas de l'autre côté. Isabelle était convaincue que les esprits d'artisans morts accidentellement lors de la construction du château hantaient les lieux. Mais Antoinette n'était pas prête à croire aux histoires de fantômes de sa grande sœur. Peut-être s'agissait-il des couloirs de service ? Peu importe ce qui se trouvait derrière cette porte, Antoinette devait s'y risquer. Elle se glissa hors du lit. Pour éviter que sa sœur ne remarque son absence à son retour, elle glissa son oreiller sous la couverture afin de donner l'impression qu'elle dormait. Puis elle s'empara de l'une des bougies du chandelier et ouvrit la porte.

Un couloir sombre longeait le mur de l'appartement. Il était désert. En tournant à droite, elle tomberait peut-être sur le grand escalier. Le cœur battant, elle sortit dans le couloir en refermant derrière elle la porte en tapisserie. Aussitôt, il fit nuit noire. C'était étrange. À intervalles réguliers, on voyait de faibles rayons de lumière filtrer par de petits trous, des judas, à hauteur des yeux. Elle se mit sur la pointe des pieds. Par un trou, elle vit un salon où un vieil homme sans perruque sommeillait dans un fauteuil.

Soudain, elle comprit. Au château, la rumeur courait que des espions du roi surveillaient les agissements des courtisans. Les bruits que l'on entendait derrière la porte de tapisserie ne provenaient donc

pas de fantômes, mais d'espions qui travaillaient à la solde du roi.

Elle continua à tâtonner dans le couloir. Au lieu de rejoindre l'escalier du château comme elle l'avait prévu, ce corridor la mena à un escalier en colimaçon qui descendait au rez-de-chaussée. Un instant plus tard, elle accéda à une porte donnant sur le hall d'entrée de l'aile sud, où l'on entendait encore du bruit. Des domestiques rapportaient la vaisselle sale de leurs maîtres dans les cuisines. La chance sourit à Antoinette : personne ne la vit surgir de derrière une tapisserie. Dehors, l'horloge sonnait neuf heures moins le quart. Antoinette ne s'attarda pas.

Lorsqu'elle arriva au labyrinthe, il ne lui restait qu'un petit bout de chandelle. Mais Jean, qui l'attendait, tenait une lanterne.

– J'étais sûr que tu ne viendrais plus, dit-il sur un ton de reproche. Nous n'avons pas de temps à perdre.

– C'était compliqué de partir de chez moi, expliqua-t-elle, en suivant le garçon dans le labyrinthe.

Après quelques pas, Jean s'arrêta brutalement.

– Qu'est-ce que c'est ?

Tout près d'eux, dans le buisson, ils entendirent un craquement.

C'était un serpent de bronze qui rampait dans l'eau d'une fontaine.

– Nous devrions éteindre la lanterne, suggéra Antoinette. Sinon on risque de nous repérer de loin.

La nuit était assez claire pour leur permettre de trouver leur chemin sans lumière. Mieux valait être prudent.

Pour éviter de se retrouver nez à nez avec les deux malfaiteurs, ils décidèrent de contourner la fontaine. Protégés par les grandes haies, ils avancèrent discrètement.

L'homme et la fiancée de Gilles avaient rejoint le lieu du rendez-vous. Dans le bassin, qui scintillait au clair de lune, on apercevait un renard de bronze. Il semblait fixer au-dessus de lui la branche où Maître Corbeau se tenait dans l'ombre. Brinon avait baissé son chapeau sur son visage. De la femme, on ne distinguait que la silhouette. Elle avait les cheveux relevés à la dernière mode. Les enfants virent brièvement son visage, mais elle portait un masque. Antoinette poussa un soupir de soulagement. Même si elle ne distinguait pas ses traits, elle en était certaine, ce n'était pas Isabelle.

Sa mère ne lui permettrait jamais de relever ainsi ses cheveux. Toutefois, Antoinette avait le sentiment d'avoir déjà vu cette femme.

D'où Antoinette
connaît-elle
cette femme ?

6
Deux espions en herbe

Antoinette avait peine à le croire, c'était l'amie de sa mère qui se tenait près de la fontaine au clair de lune. La comtesse de Villiers avait récemment emménagé dans l'appartement voisin et s'était vite liée d'amitié avec la mère d'Antoinette. Elle lui rendait visite régulièrement, elle avait donc pu s'emparer du collier de perles. Antoinette était soulagée de constater que ni sa mère ni sa sœur n'étaient des voleuses. En réalité, Jean s'était trompé d'appartement en livrant le message codé. Maintenant, les deux enfants devaient savoir quel mauvais coup préparait encore la femme. Elle tendait à l'homme une feuille de papier, que celui-ci examina à la lueur de la lanterne. Malheureusement, les enfants ne perçurent que des bribes de mots, impossibles à comprendre sans le contexte. Jean et Antoinette se rapprochèrent prudemment. Protégés par la haute haie de buis, ils purent entendre ce qui se disait.

– Il est impossible de prendre un tel risque! dit l'homme. Il faut que tu trouves un moyen de l'éliminer.

– Mais comment le puis-je toute seule?

– Tu trouveras bien. Il y a mille et une façons de le faire. Concernant le bijou, tu ne peux pas le garder dans ton appartement.

Ce serait terrible si quelqu'un le trouvait. N'oublie pas que notre plan est en jeu. Tu ne dois attirer aucun soupçon sur toi.

– Comment ça! rétorqua Geneviève, avec arrogance. Tu veux le garder pour toi seul! Il n'en est pas question. Le bijou est en sécurité chez moi. Il ne viendra à l'idée de personne de me soupçonner de vol. Je joue mon rôle à la perfection.

Une petite chouette s'envola au-dessus de la tête des malfaiteurs. La comtesse de Villiers tourna la tête dans sa direction.

– Tu entends ? Il y a quelqu'un ici.

– Ne dis pas n'importe quoi, répondit l'homme, impatienté. Tu vois des fantômes partout. C'était sûrement une chauve-souris qui s'enfuyait devant la chouette.

Il plia la feuille et la cacha dans la poche de sa veste.

– Je dois me mettre au travail au plus tôt, pour que tout fonctionne jeudi prochain comme prévu.

Il lui fit un signe de connivence et se dirigea vers la sortie, la lanterne à la main. La comtesse s'éloigna dans la direction opposée. Soulagée, Antoinette respira. Heureusement, Geneviève n'avait pas découvert les enfants derrière la haie.

– Si au moins nous savions ce qu'ils complotent, dit Jean, tandis qu'ils se hâtaient sur le chemin du retour.

Ils atteignirent les larges escaliers qui menaient au château, des deux côtés de l'Orangerie. Les arbres dans leurs bacs attendaient à l'abri des gelées, derrière les vitres de la serre, que les nuits deviennent plus chaudes pour retrouver l'Orangerie.

– Je reste convaincue qu'ils prévoient un attentat contre le roi ou le doge, réfléchit Antoinette. Sinon, comment comprendre que l'homme demande à la comtesse de se débarrasser de quelqu'un?

– Tu as raison, approuva Jean en grimpant quatre à quatre les marches qui menaient à la terrasse du château. Dommage que nous n'ayons pu voir ce qui était représenté sur le papier.

Antoinette s'arrêta.

– C'était peut-être un plan du château. Un dessin d'architecte avec le plan de toutes les pièces et des escaliers du bâtiment, un plan qui permet de savoir comment rejoindre l'appartement du roi ou celui du doge par les escaliers de service. Dans la bibliothèque, il y a certainement des modèles que l'on peut reproduire.

Jean fit un signe de dénégation.

– Il a dit : «Tu dois trouver un moyen de l'éliminer.» Dans ce cas, ce n'est pas Brinon mais plutôt la comtesse qui aurait besoin du plan. Non, il s'agit d'autre chose.

– Quoi qu'il en soit, reprit Antoinette, nous devons avertir les gardes qu'un événement mettant en péril la vie du roi pourrait se produire jeudi.

– Sans preuves tangibles, ils ne nous croiront jamais.

Ils étaient arrivés à l'endroit où ils devaient se séparer, l'une pour aller vers l'entrée de l'aile sud, l'autre en direction de la Grande Écurie.

– J'ai bien une idée, poursuivit Antoinette avant de quitter Jean. Elle nous permettrait de faire d'une pierre deux coups.

Jean la dévisagea avec intérêt.

– C'est simple. Il suffit de pénétrer dans l'appartement de la comtesse. Là, nous trouverons certainement des preuves, ainsi que le collier de ma mère.

– Et comment veux-tu t'y prendre? La porte est verrouillée en l'absence de cette femme.

– Je sais comment entrer sans clé, répondit-elle avec un sourire entendu.

Lorsqu'Antoinette avait quitté le château en passant par le couloir secret, elle n'avait pas seulement remarqué les judas, elle avait aussi vu les portes en tapisserie qui donnaient sur les chambres. L'appartement de la comtesse en comportait une. Si, comme celle de sa propre chambre, elle ne fermait pas de l'intérieur, les enfants pourraient pénétrer dans l'appartement. Jean était enthousiaste. Mais il était trop tard pour agir maintenant. La comtesse de Villiers avait déjà regagné son appartement. Ils devaient attendre qu'elle en sorte de nouveau. Ils convinrent que l'après-midi était le meilleur moment. Antoinette savait que la comtesse avait coutume de se promener dans le parc. Ils poursuivraient donc leur enquête le lendemain.

Le jour suivant, il pleuvait des cordes. Même si Antoinette était parvenue à sortir de sa chambre en bravant l'interdiction de son père, personne n'aurait l'idée d'aller se promener dans le parc par un temps pareil. Il fallait espérer que la comtesse quitte son appartement pour rendre visite à des amis. Trempé jusqu'aux os, Jean arriva à l'heure au rendez-vous dans le hall de l'aile sud. Peu après, les deux jeunes espions se tenaient devant la porte en tapisserie qui donnait sur l'appartement de la comtesse. Une heure plus tard, ils s'y trouvaient toujours. La comtesse de Villiers ne semblait pas disposée à partir. Elle se prélassait sur le canapé. Soudain, elle se leva et se dirigea vers le miroir qui se trouvait au-dessus de la coiffeuse. Là, elle remit ses cheveux en ordre.

– Elle ne va sans doute pas tarder à partir, chuchota Antoinette.

Mais ce ne fut pas le cas. Contre toute attente, la comtesse s'assit devant la coiffeuse, un livre à la main.

– Ce n'est pas possible ! gémit Antoinette. Maintenant, elle se met à lire.

Impatient, Jean sautait d'un pied sur l'autre.

Il était sorti de l'écurie sans se faire remarquer.

Si son absence devait se prolonger, elle serait remarquée par le maître des écuries. Il jeta un coup d'œil par le judas. Les enfants devaient savoir ce que la femme manigançait. Mais la comtesse était toujours assise, le dos tourné au judas. Elle feuilletait le livre, plongeait sa plume dans l'encrier et écrivait quelque chose que l'on ne pouvait distinguer. L'appartement était semblable à beaucoup d'autres au château. Il était meublé d'un lit à baldaquin et décoré de toiles accrochées aux murs. Il n'avait rien de particulier. Soudain, Jean remarqua quelque chose.

– Nous tenons notre preuve, chuchota-t-il, tout excité. Allons immédiatement prévenir les mousquetaires. Je sais ce qu'elle projette de faire.

– Et le collier de ma mère ?

Mais Jean partit au pas de course le long du couloir sombre. Antoinette voulut le suivre. Soudain, elle trébucha et tomba avec fracas sur le sol. Le garçon se retourna.

– Doucement ! chuchota-t-il. On va nous entendre !

Trop tard ! La comtesse avait ouvert la porte en tapisserie et scrutait le couloir. Après s'être relevée précipitamment, Antoinette courut vers l'escalier en colimaçon. Elle ne savait pas si Geneviève de Villiers l'avait reconnue dans l'obscurité.

Qu'a vu le garçon ?

7
Une nuit éprouvante

Les deux enfants traversèrent la cour du château en courant sous la pluie. Antoinette se moquait de ce qu'on pouvait penser d'eux. Ils devaient avertir les mousquetaires de la possible tentative d'empoisonnement. Jean, qui allait quelquefois observer les soldats lors de leurs exercices d'escrime, savait qu'à cette heure de la journée, ils trouveraient le capitaine dans la cour réservée à leur entraînement. On entendait de loin le cliquetis des épées.

Pourtant, la tentative des enfants échoua. Le capitaine leur expliqua que l'on protégeait le roi vingt-quatre heures sur vingt-quatre et que les gardes seraient plus nombreux encore lors de la réception du lendemain. Il n'y avait aucune raison de s'inquiéter. Il ne prit pas l'affaire au sérieux.

– Je vais en parler à mon père, annonça Antoinette lorsqu'ils se retrouvèrent sous la pluie. Les mousquetaires le croiront plus facilement que nous. Sans compter qu'il peut en discuter personnellement avec le roi.

Ils décidèrent de se retrouver le lendemain et repartirent chacun de leur côté.

Antoinette regagna l'appartement. Ni sa mère ni sa sœur ne remarquèrent qu'elle était trempée.

Seule Mimi quitta les genoux de sa mère pour lui faire la fête.

– Où est Papa? demanda Antoinette, en grattant la chienne derrière les oreilles.

Elle ne voyait son père nulle part. Les deux femmes ne prêtaient aucune attention à Antoinette.

– Maman, s'il te plaît! supplia Isabelle. Tu me l'avais promis. Ne peux-tu pas porter un autre collier?

C'était Isabelle tout craché! Elle n'avait que la soirée en tête. Comme tous les mercredis, le roi avait invité les courtisans et les dames de la cour dans ses somptueux appartements. Depuis peu, Isabelle ne voulait manquer aucune de ces réceptions.

– La chaîne avec le rubis en pendentif est plus assorti à ta robe rouge, ajouta-t-elle pour tenter de convaincre sa mère. Le roi ne remarquera pas que tu portes un autre collier.

Elle lissa le bas de sa robe, qu'elle avait déjà enfilée en vue de la soirée.

– Écoute, Isabelle, rétorqua sa mère, il ne s'agit pas seulement du collier. Ton père ne peut pas se rendre à la réception, lui non plus. Demain sera une journée importante. Nous devons tous être en forme.

– Où est Papa? demanda à nouveau Antoinette, mais Isabelle faisait comme si elle ne voyait pas sa sœur.

– Maman, tu n'arrêtes pas de répéter qu'il est important pour une jeune fille de se montrer en société.

Soudain, les yeux d'Isabelle s'illuminèrent.

– Et si j'y allais sans vous?

Sa mère la foudroya du regard.

– As-tu perdu la raison? Sans chaperon, il est impossible pour une jeune fille de dix-sept ans de se rendre à une soirée. Cela ne se fait pas.

Antoinette s'impatientait. Le roi était en danger, elle devait agir. Au moment où elle voulut informer sa mère des derniers événements, Geneviève de Villiers fit irruption dans la pièce.

– Qu'est-ce que j'entends là ? Vous ne voulez pas sortir ce soir ? Je suis justement venue vous chercher.

– Maman est trop fatiguée, expliqua Isabelle. Mais j'aimerais bien y aller quand même.

– Ce n'est pas un problème, affirma la comtesse, tout sourire. Tu peux m'accompagner. Vous ne vous y opposerez pas, ma chère ? ajouta-t-elle en se tournant vers la mère.

– Maman, s'il te plaît.

Les yeux d'Isabelle étincelaient.

– Si cela ne vous dérange pas, concéda la mère, ce serait très gentil de votre part.

Elle sourit à Isabelle.

– C'est d'accord, mais allez-y maintenant, dit-elle en jetant un coup d'œil sur sa montre qui indiquait presque six heures. Sinon vous allez manquer le début.

– Ne la laisse pas partir ! supplia Antoinette.

Isabelle lui lança un regard furieux. Mais Antoinette refusait de voir sa sœur partir seule avec cette femme. Elle savait qu'on ne pouvait pas lui faire confiance.

Sa mère ne comprenait pas la réaction de sa fille.

– Ne t'inquiète pas. La comtesse veillera sur ta sœur.

Avant qu'Antoinette ait pu faire la moindre objection, les deux femmes avaient quitté la pièce.

– S'il te plaît, retiens-la, insista la fillette. Cette femme a volé ton collier de perles.

Elle raconta à la hâte ce qu'elle avait découvert avec Jean. Sa mère la regarda, stupéfaite.

– Ton imagination recommence à te jouer des tours, dit-elle en hochant la tête. Ton père a raison. Nous devrions t'envoyer à l'école dans un couvent. Et puis, de quoi as-tu l'air? Tu es toute trempée! Tu devais rester à la maison aujourd'hui.

Peu après, le comte de Mornay rentra chez lui. Il ne crut pas un mot, lui non plus, du récit de sa fille. Il se fâcha en apprenant qu'elle était sortie malgré son interdiction et l'envoya au lit sans dîner. Antoinette était désemparée. Comment mettre le roi en garde si personne ne la croyait ? Malgré l'énervement, épuisée et affamée, elle parvint à trouver le sommeil.

Quelques heures plus tard, elle fut réveillée par des éclats de voix. Elle n'avait pas la moindre idée de l'heure qu'il était. Le lit à côté du sien était vide, Isabelle n'était pas rentrée de la soirée. Ensommeillée, elle se leva. Elle voulait savoir ce qui se passait.

On entendait distinctement la voix stridente de la comtesse de Villiers.

– Elle a dansé toute la soirée dans le salon de Mars. Soudain, je ne l'ai plus vue. Je n'ai pas compris. Puis madame Laurent m'a dit qu'elle avait vu Isabelle en compagnie du jeune Lamotte dans le parc, alors je suis partie la chercher. Une jeune fille seule avec un homme, c'est impensable ! Mais je ne l'ai trouvée nulle part. C'était il y a déjà plusieurs heures.

Antoinette entrebâilla la porte et se glissa dans la pièce. À la lueur vacillante de la bougie, elle vit sa mère qui avait revêtu sa robe de chambre de soie par-dessus sa chemise de nuit. Pâle comme un linge, elle s'était effondrée dans le canapé. Son père faisait les cent pas pendant que Mimi gambadait autour de lui. La comtesse de Villiers, debout près de sa mère, lui posa la main sur l'épaule, comme pour la réconforter.

– Ne vous inquiétez pas. Les gardes les retrouveront vite !

Antoinette n'en crut pas un traître mot. Cette femme était certainement à l'origine de la disparition d'Isabelle. Malgré les soupçons dont elle leur avait fait part, ses parents ne semblaient pas douter des déclarations de la comtesse.

Soudain, deux mousquetaires firent irruption dans le salon. Ils encadraient un jeune homme, qui regardait autour de lui, l'air terrorisé. Ils l'avaient arrêté dans le parc.

– Il prétend ne rien savoir de la disparition de votre fille, déclara le plus âgé des mousquetaires, et il s'inclina en ôtant son chapeau orné d'une plume.

Antoinette dévisagea le jeune homme. Il n'était sûrement pas coupable, mais il savait peut-être ce qui était arrivé à Isabelle. Elle se dirigeait vers lui lorsqu'elle sentit une main froide lui saisir le poignet. La comtesse de Villiers était près d'elle.

– Je sais parfaitement que tu m'espionnes, lui chuchota-t-elle à l'oreille. Je te conseille de te taire. Un mot de ta part, et tu mettras ta sœur en danger.

Antoinette ne se laissa pas intimider. Elle devait parler avec Lamotte avant que les mousquetaires ne l'emmènent.

– J'ignore de quoi vous parlez, répliqua-t-elle.

Elle se dirigea vers l'homme et lui murmura, en dépit du regard menaçant de la comtesse :

– Je suis la sœur d'Isabelle. Où est-elle ?

L'homme semblait réfléchir. Au lieu de lui

répondre, il roula les yeux. Il titubait, comme s'il ne parvenait plus à tenir debout. L'espace d'un instant, Antoinette crut qu'il lui faisait un clin d'œil.

Puis il marmonna des propos incompréhensibles :

«Tla sœur lest len grland dlangler. Lon l'a klidnlapplée. Tlu dlois la troluvler. L'hlommle dlu blasslin d'Aplollon la vlu ce qul'il s'lest plasslé. Tlu nle dolis rilen dlire là plerslonne, clar lils polurrlaient luli falire dlu mlal. Dléplêchle-toli lavlant qul'il nle solit trlop tlard!»

– Cet homme est saoul! s'écria le père. Emmenezle!

De son côté, Antoinette était persuadée que le jeune homme voulait lui donner une information.

*Qu'a dit
le jeune homme ?*

8
Sur les traces d'Isabelle

Étendue sur son lit, Antoinette ne parvenait pas à trouver le sommeil. Elle entendait son père faire les cent pas dans la pièce voisine. Ses parents n'arrivaient pas à trouver le repos, eux non plus. Elle se demanda un instant si elle ne devait pas leur parler de la menace proférée par la comtesse et des propos codés de Lamotte. Mais la croiraient-ils ? Les mousquetaires avaient emmené le jeune courtisan sur-le-champ. Tous étaient convaincus qu'il était ivre. Ses parents lui répondraient sûrement qu'elle disait des sottises et refuseraient de la prendre au sérieux. C'était risqué de les mettre au courant. Et Lamotte ne l'avait-il pas sommée de n'en parler à personne ? Si elle voulait éviter que les ravisseurs ne fassent du mal à sa sœur, elle devait se taire. Dans quelques heures une nouvelle journée allait commencer et le doge de Gênes arriverait de Paris en carrosse. Le roi et son invité couraient un grand danger, sa sœur aussi. Il n'y avait pas une minute à perdre, il fallait agir. Soudain, elle sut ce qu'elle devait faire : se rendre au bassin d'Apollon pour trouver l'homme dont lui avait parlé Lamotte.

Antoinette enfila sa robe en toute hâte.

Peu après, elle dévalait les marches de la terrasse pour rejoindre le parc. La pluie avait cessé et les étoiles se reflétaient dans les flaques qui s'étaient formées sur le chemin menant au bassin. Le jour allait se lever. De loin, la silhouette sombre des chevaux d'Apollon se dessinait sur le ciel nocturne. Mais il n'y avait pas âme qui vive autour du bassin. Quelle folie de penser que quelqu'un attendrait ici à cette heure-ci ! C'était pourtant ce que Lamotte avait dit : « L'homme du bassin d'Apollon a vu ce qu'il s'est passé. » Quel homme ? Durant la journée, des centaines d'hommes passaient par là.

Il ne s'agissait pas d'Apollon, le conducteur de char, qui tenait, muet, les rênes de ses chevaux. Jean était-il déjà levé? Elle devait lui parler. Il en savait peut-être plus.

Antoinette ne s'étonna pas de le trouver dans l'écurie. Comme tous les domestiques du château, les garçons d'écurie étaient sur pied avant le lever du jour. Ils devaient nourrir les chevaux.

– Il parlait certainement d'un homme précis, conclut le garçon, après avoir écouté le récit de la fillette. Un homme qui se trouve toujours à proximité du bassin, comme le gardien du bassin.

Tout en réfléchissant, il remplissait les râteliers d'avoine.

Évidemment! Comment n'y avait-elle pas pensé? Des robinets, dissimulés sous les haies près des bassins, permettaient de mettre en marche les jeux d'eau à l'approche du roi. Les gardiens des bassins devaient être disponibles en permanence, sauf la nuit, au cas où le roi déciderait de se promener dans le parc. L'homme en charge du bassin d'Apollon avait sans doute pu observer ce qui s'était passé ici.

– Je dois tout de suite retourner au bassin d'Apollon, déclara-t-elle. Tu viens avec moi?

Jean hésita.

– Je ne peux pas partir maintenant.

Le maître des écuries n'était pas en vue mais, de l'autre côté, un domestique plus âgé lustrait des bottes d'équitation.

– Il ne s'agit pas que de ma sœur, lui rappela la fillette. Le roi est en danger.

– Tu as raison, dit-il en jetant le sac d'avoine dans un coin. Les chevaux peuvent attendre.

Le cireur de bottes était tellement absorbé par son travail qu'il ne vit pas les deux amis sortir de l'écurie. Seul un étalon s'ébroua doucement.

Lorsqu'ils arrivèrent au bassin d'Apollon, les étoiles pâlissaient dans le ciel.

À l'est, derrière le château, un rayon lumineux annonçait le lever du soleil. Entretemps, le gardien du bassin avait terminé sa nuit. De nombreux invités étaient attendus à la réception prévue ce jour-là, il voulait donc s'assurer que tout fonctionnait.

– Que faites-vous dans le parc à cette heure-ci ? s'inquiéta-t-il, l'air méfiant.

Antoinette ne répondit pas. Sans détours, elle lui demanda s'il n'avait rien vu d'inhabituel la veille au soir.

– Quand la pluie a cessé, j'ai vu les promeneurs habituels, répondit l'homme en réfléchissant. C'étaient les invités qui venaient prendre l'air entre deux danses dans le parc. Sinon rien. Le roi n'est pas venu.

– Réfléchissez bien, insista Antoinette. C'est important.

L'homme se gratta la tempe et ajusta sa casquette.

– Il s'est produit quelque chose qui m'a paru étrange, ajouta-t-il. Deux hommes sont passés avec une brouette.

– Des hommes avec une brouette ? s'étonna Jean. À cette heure-là, les jardiniers ont terminé leur journée depuis longtemps.

– C'est vrai, mais ce n'était pas des jardiniers. Ils étaient bien trop élégants pour cela. Je ne m'en suis pas inquiété davantage. Ici, au château, il se passe parfois des choses curieuses.

– Qu'ont-il fait ensuite ?

– De loin, j'ai seulement pu voir qu'ils portaient leur chargement – ça ressemblait à un sac – sur une barque du canal. Tout de suite après, un courtisan est arrivé en courant. Il voulait monter dans la barque, lui aussi, mais il est arrivé trop tard. La barque était déjà loin. Il se tenait sur la rive sans savoir que faire, lorsqu'une femme élégante s'est approchée. Elle s'est adressée à lui, puis elle est repartie rapidement en direction du château. La soirée battait encore son plein. L'homme s'est affaissé. J'ai pensé qu'il n'allait pas bien. Mais lorsque je lui ai proposé mon aide, il l'a refusée d'un geste, puis il est retourné vers la terrasse, la tête basse.

– Savez-vous où sont allés les deux hommes dans la barque ?

– J'ai entendu l'un d'entre eux parler de la ménagerie. Ils avaient peut-être de quoi nourrir le lion dans leur sac.

– Merci, répondit Antoinette, avant de partir en courant, Jean sur ses talons.

Le gardien du bassin les regarda s'éloigner en hochant la tête. Il ne comprenait pas en quoi l'événement de la veille était si important.

– Penses-tu la même chose que moi ? demanda la fillette haletante, en se hâtant vers la ménagerie.

Jean acquiesça.

– Ta sœur était dans le sac et ils l'ont emmenée au zoo.

La ménagerie – le zoo royal – était située à l'extrémité sud-ouest du parc. On la rejoignait soit par le canal, soit à pied.

Dans son enclos, on pouvait admirer des animaux exotiques rapportés de pays lointains.

Il y avait un immense éléphant, des perroquets multicolores, des flamants roses et un lion. Antoinette espérait que les ravisseurs n'avaient pas prévu de donner sa sœur en pâture au lion.

Lorsqu'ils se présentèrent devant l'entrée de la ménagerie, le bâtiment était fermé. Près de l'entrée, un panneau mentionnait que le zoo serait ouvert aux visiteurs l'après-midi seulement.

– Quelle guigne! jura Jean.

– Peut-être que le concierge nous laissera entrer? suggéra Antoinette, pleine d'espoir.

Une petite maison de gardien se trouvait près de l'entrée, mais malgré les appels des enfants, personne ne se présenta. On percevait des bruits étranges de l'autre côté du mur. Les animaux étaient réveillés.

– Il ne nous reste qu'une solution, décida Jean, en escaladant la grille en fer.

Antoinette hésita, puis elle grimpa derrière lui. Au passage, elle maudit la robe et le jupon qu'elle portait. Quelle chance avaient les garçons!

De l'autre côté, ils trouvèrent encore une porte fermée. Un peu plus loin, ils tombèrent sur une petite porte, qui permettait certainement au personnel d'accéder à la ménagerie. Un trousseau de clés était suspendu près de cette porte.

– Un grand merci au concierge! s'exclama Jean.

Il s'empara des clés et tenta de tourner la première dans la serrure. Sans résultat. Il essaya les autres, une par une, et finit par trouver la bonne.

Quelle est la bonne clé?

9
Dans la ménagerie

L'enclos de la ménagerie était disposé en éventail autour du pavillon. On observait les animaux depuis le pavillon ou depuis la place centrale. Derrière les grilles vivaient des animaux inoffensifs, comme des gazelles, des flamants roses et des perroquets, à côté d'autres beaucoup plus dangereux, comme des loups, des crocodiles et des félins.

Antoinette connaissait ce zoo. Elle y venait souvent avec mademoiselle Dupont pour dessiner les animaux. La gouvernante appelait cette activité «études zoologiques». Même si certains animaux lui faisaient peur, Antoinette aimait venir ici. Quelques semaines plus tôt, elle avait fait le portrait du lion. Elle frémit en songeant à ses dents tranchantes et à la manière dont il déchiquetait la chèvre morte que les gardiens du zoo lui avaient donnée en pâture.

– Comment trouver Isabelle?

Elle gardait en tête l'image du lion.

– Nous ne savons même pas si les hommes l'ont amenée ici.

L'air sombre, elle longea les grilles de l'enclos.

Entretemps, le jour s'était levé et l'on voyait distinctement les animaux.

– Nous la retrouverons, la rassura Jean. Il nous faut raisonner logiquement. Les hommes n'auraient pas laissé ta sœur dans la première cage venue. Elle aurait été exposée à la vue des gardiens et plus tard à celle des visiteurs.

Un cri strident le fit sursauter. C'étaient les singes curieux qui bondissaient près d'eux sur la grille de l'enclos.

– Si je devais cacher quelque chose ici, je le déposerais dans un endroit isolé, poursuivit le garçon. Là où les gens ne passent pas.

Antoinette acquiesça.

– Derrière le pavillon, il y a des appentis, proposa-t-elle. Nous pourrions aller voir là-bas.

Au fond de la ménagerie, côté nord, une rangée de petits bâtiments était adossée au mur. On y entassait toutes sortes d'outils, du foin et de la paille. La chance leur souriait : derrière la dernière porte, ils découvrirent Isabelle.

– Isabelle! hurla Antoinette en se jetant sur sa sœur.

Bâillonnée, pieds et poings liés, la jeune fille était couchée dans un coin sur une botte de paille.

– Où est Maurice? demanda-t-elle après avoir embrassé Antoinette qui l'avait délivrée.

– Je pensais qu'il viendrait me sauver.

– Maurice?

Antoinette ne connaissait aucun Maurice.

– Oui, le fils du baron de Lamotte, expliqua Isabelle en lissant sa robe de soie froissée. Ma jolie robe neuve est dans un sale état, soupira-t-elle.

Antoinette leva les yeux au ciel.

– Raconte-nous plutôt ce qui s'est passé, demanda-t-elle, impatiente.

– Maurice voulait absolument m'emmener dans le parc et je pensais que c'était pour m'embrasser.

Isabelle rougit à cette pensée.

– En réalité, il m'a mise en garde contre Geneviève. Il a soutenu que la comtesse n'en était pas une, mais que c'était une aventurière originaire de Bordeaux, et une dangereuse voleuse. Apparemment, elle ne se prénomme pas Geneviève mais Marthe.

– Elle a volé le collier de maman, ajouta Antoinette sèchement.

– Voulez-vous nous raconter ce qui s'est passé ensuite? interrompit Jean avec impatience.

– Que fait ce garçon ici? demanda Isabelle en le regardant d'un air hautain.

– C'est un ami. Il s'appelle Jean.

– Un ami? Tu n'as pas intérêt à dire ça à papa.

Elle poursuivit.

– Alors que nous étions près du bassin d'Apollon, deux hommes ont fait irruption. Ils m'ont enfoncé quelque chose sur la tête et j'ai perdu connaissance. Lorsque je me suis réveillée, j'étais ici, ligotée et bâillonnée.

– Les hommes étaient-ils dans la pièce?

Isabelle fit oui de la tête en remettant en place une mèche de cheveux.

– Ils discutaient entre eux. J'ai gardé les yeux fermés pour leur faire croire que j'étais toujours inconsciente. Je voulais écouter. Ils...

– Parlaient-ils de poison?

– De poison?

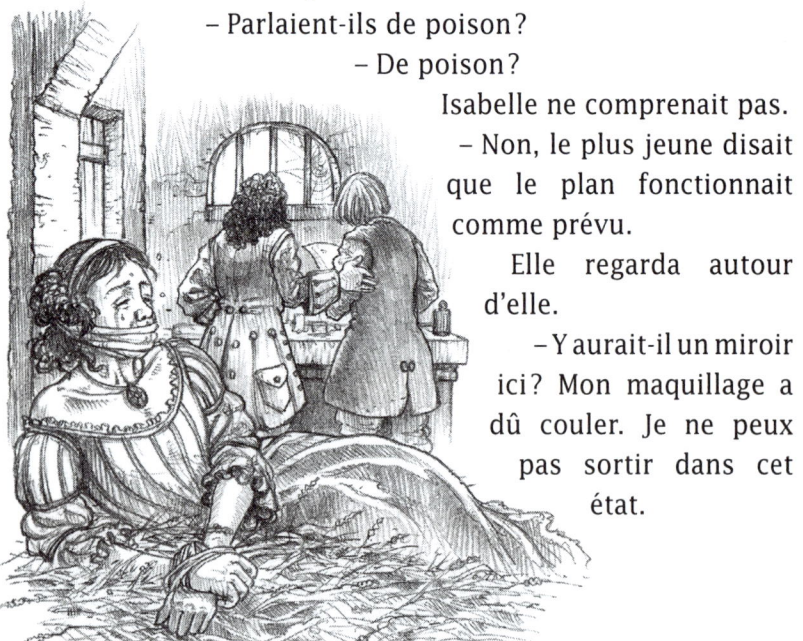

Isabelle ne comprenait pas.

– Non, le plus jeune disait que le plan fonctionnait comme prévu.

Elle regarda autour d'elle.

– Y aurait-il un miroir ici? Mon maquillage a dû couler. Je ne peux pas sortir dans cet état.

– Ton stupide maquillage n'intéresse personne! s'exclama Antoinette. C'est une question de vie ou de mort. Nous devons savoir ce que cette bande d'escrocs prémédite avant qu'il ne soit trop tard. Le roi court un grand danger.

Isabelle dévisagea sa jeune sœur.

– C'est sérieux? Ou bien est-ce encore une de tes blagues idiotes?

– C'est on ne peut plus sérieux.

Antoinette et Jean racontèrent à tour de rôle ce qu'ils avaient découvert.

– Nous devons savoir de quoi ces hommes ont parlé, conclut la fillette. Chaque détail peut être essentiel.

– Mon dieu! C'est épouvantable!

De stupeur, Isabelle porta la main à sa bouche.

– J'ignore ce qu'ils complotent, dit-elle en réfléchissant. En tout cas, le plus âgé disait que Lamotte ne contrecarrerait plus leurs projets. Il a ajouté que les gamins qui les espionnaient...

Elle s'interrompit et son regard alla de sa sœur au garçon de ferme.

– Juste ciel! Il parlait de vous, n'est-ce pas?

Les enfants acquiescèrent.

– Il disait donc que les enfants les laisseraient tranquilles dès qu'ils apprendraient qu'on m'avait enlevée.

– C'est exact, confirma Antoinette. La comtesse m'a menacée, elle m'a dit que si je parlais, il t'arriverait quelque chose. Elle a probablement menacé Lamotte aussi. Sinon il aurait dit aux mousquetaires qu'on t'avait kidnappée. Il n'aurait pas fait semblant d'être saoul pour pouvoir me donner des informations codées.

– Êtes-vous sûre que les hommes n'ont rien dit de leur projet ? insista Jean.

Isabelle haussa les épaules.

– Je sais seulement qu'il doit se passer quelque chose le jour où le roi reçoit le doge. Dans la matinée, pendant le lever du roi. C'est-à-dire maintenant.

– Le roi va être empoisonné ! s'écrièrent en cœur Antoinette et Jean.

– Nous devons le prévenir avant qu'il ne soit trop tard !

Le garçon se dirigea vers la porte. On réveillait le roi à huit heures. La cérémonie du lever avait lieu tout de suite après. Lors de ce rituel, les ministres et les courtisans se rassemblaient dans la chambre d'apparat pour l'aider à s'habiller.

– Attends ! dit Isabelle.

Elle montra une feuille de papier posée sur une caisse dans le coin.

– Ils l'ont oubliée ici. Je les ai vus l'étudier avec soin. Cela a certainement un rapport avec l'affaire.

Les deux amis se penchèrent sur la feuille.

– Je ne vois pas ce qu'un pendentif vient faire sur ce dessin, dit Antoinette pensive. Le plan à côté ressemble étrangement à celui de la chambre du roi... Est-ce de l'italien?

En fronçant les sourcils, elle examina le texte sur le bord de la feuille.

– Le doge parle italien.

– Non, dit Jean en hochant la tête. Ce n'est pas de l'italien. Regarde de plus près.

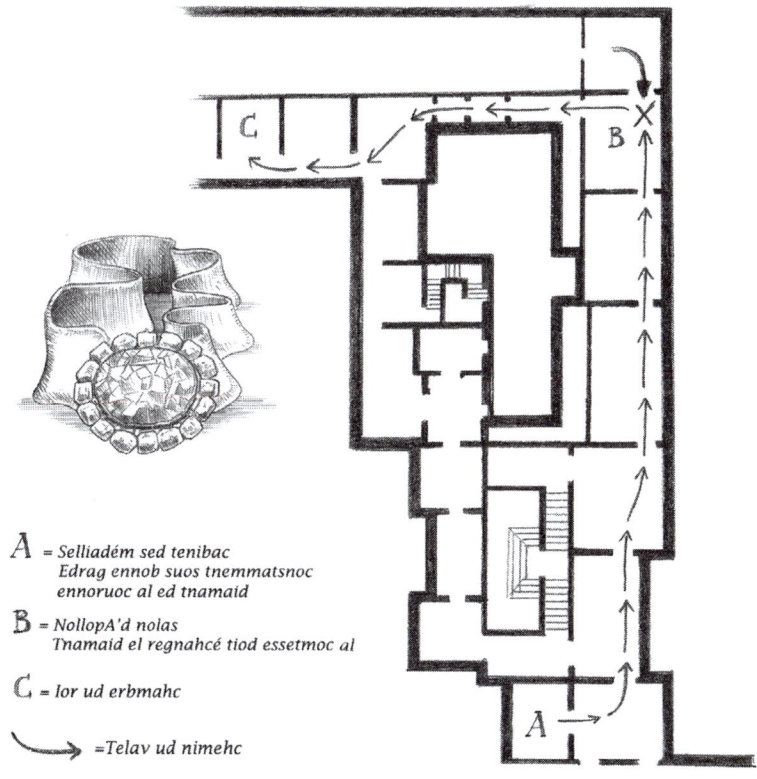

A = *Selliadém sed tenibac*
Edrag ennob suos tnemmatsnoc
ennoruoc al ed tnamaid

B = *NollopA'd nolas*
Tnamaid el regnahcé tiod essetmoc al

C = *lor ud erbmahc*

→ = *Telav ud nimehc*

Puis il s'écria :

– Je sais ce que ces escrocs ont prémédité. Venez, il faut faire vite!

Mais il s'arrêta net car, au moment où il allait ouvrir la porte, elle s'ouvrait de l'extérieur. Un homme imposant apparut dans l'encadrement.

– Que fais-tu ici? gronda-t-il.

Il attrapa Jean par l'oreille et le tira vers l'extérieur.

– Tu crois vraiment qu'il y a quelque chose à voler ici? Vide tes poches, sinon je te livre au lion pour son petit déjeuner.

Puis son regard tomba sur les deux jeunes filles. Malgré le maquillage dégoulinant d'Isabelle et sa robe chiffonnée, il comprit qu'elle était une demoiselle du château.

– Je me suis fait kidnapper, expliqua-t-elle à l'ouvrier médusé. Ces deux jeunes gens m'ont libérée. Ayez la bonté de nous laisser partir. Nous devons rentrer au château.

L'homme lâcha l'oreille de Jean, ôta sa casquette, s'inclina et s'effaça sur le côté.

– Bien sûr, Mademoiselle, marmonna-t-il en laissant les trois amis s'éloigner.

Que manigancent les malfaiteurs?

10
La chasse au diamant

– Qu'ont-ils prévu de faire?

Isabelle avait enfin compris la gravité de la situation. Elle ôta ses chaussures à talons hauts, releva sa robe et se mit à courir derrière les enfants.

– Les malfaiteurs veulent voler le diamant de la couronne! expliqua Jean, haletant.

– C'est impossible! s'écria Isabelle, le souffle coupé. Le diamant est sous bonne garde vingt-quatre heures sur vingt-quatre. Aucun voleur ne peut s'en approcher.

Mais Antoinette l'interrompit d'un ton grave :

– Lors des réceptions importantes, le roi porte le diamant. Dans ce cas, le pendentif n'est plus dans son cabinet mais dans sa chambre à coucher.

– C'est exact, confirma Jean. D'ailleurs, sur le plan, les flèches indiquent les pièces que doit traverser le valet qui transporte le diamant. La comtesse, Gilles et Brinon veulent agir lorsqu'il traversera le salon d'Apollon. Nous devons les en empêcher.

– Brinon? demanda Isabelle, étonnée. Alain Brinon?

En grimpant les marches de la terrasse, Antoinette jeta un regard étonné à sa sœur.

– Tu le connais?

– Bien sûr! Qui ne le connaît pas? Alain Brinon est le joaillier le plus en vue de tous les temps. Les dames de la cour n'en avaient que pour ses bijoux. Jusqu'à l'été dernier.

– L'été dernier?

– Il est tombé en disgrâce à la suite d'un scandale et le roi lui a interdit de vendre ses bijoux au château.

– Brinon, un joaillier? s'étonna Jean en marquant un arrêt avant de se remettre à grimper les marches. Je sais maintenant pourquoi il avait besoin d'un dessin du bijou, il prévoyait d'en faire une copie.

Antoinette approuva. Elle venait enfin de comprendre le plan des malfaiteurs.

– Dans la bibliothèque, il y a un livre où le bijou est représenté. La comtesse devait en faire un dessin.

– Et pourquoi Alain Brinon aurait-il fait une copie sans valeur du diamant de la couronne ?

Isabelle ne comprenait pas bien ce dont il retournait.

– La bande d'escrocs veut remplacer le vrai diamant par une copie, expliqua Jean.

D'un bond, il gagna la terrasse.

– Et que vient faire Maurice là-dedans ? Est-il hors de danger ?

Antoinette l'apaisa :

– Bien sûr. Les mousquetaires veillent sur lui. Il a eu de la chance, il a échappé de justesse à un empoisonnement.

– Un empoisonnement ?

Horrifiée, Isabelle avait manqué de trébucher.

– C'est pourtant logique, ajouta Jean. Vous avez dit vous-même qu'il voulait vous mettre en garde contre la comtesse. Il savait que c'était une voleuse. Même s'il ignorait ce qui se tramait, il représentait un risque pour les escrocs. S'il avait dénoncé cette femme, le plan aurait échoué. Dès lors, il fallait l'éliminer. Le fait d'avoir été arrêté après votre enlèvement lui a certainement sauvé la vie.

Jean s'arrêta. Ils étaient arrivés au château, dont il observa la façade. Dans le lointain, on entendit une horloge sonner huit heures. Au même moment, un domestique devait pénétrer dans la chambre du roi pour le réveiller.

– Quel est le chemin le plus court pour rejoindre le salon d'Apollon? demanda-t-il.

– Par ici! dit Isabelle qui connaissait bien le château.

Peu après, ils traversèrent la galerie des Glaces au pas de course. On avait astiqué les miroirs immenses qui couvraient les murs de la salle. Au fond de la galerie, on avait aussi dressé sur une estrade le trône royal en argent. Les domestiques chargés des derniers préparatifs en vue de la réception regardèrent les enfants avec étonnement.

Ils parvinrent enfin dans la salle d'Apollon. Là, tout leur parut normal. Seul un petit groupe de courtisans et de dames de la cour se dirigeait vers la galerie des Glaces. Ils voulaient être bien placés lors de la réception.

À ce moment, un valet franchit la porte de l'autre côté de la pièce. Il portait un coussin de velours rouge. La pierre bleue posée dessus scintillait dans la lumière. Elle était sertie d'or et bordée d'une multitude de minuscules diamants. Le valet était encadré par deux gardes, chacun armé d'une épée et d'un mousqueton. Avant que les enfants ne puissent avertir les hommes, Marthe, la fausse comtesse, surgit de derrière un paravent proche de la fenêtre. Elle bouscula le valet, et le précieux diamant roula sur le sol. La comtesse s'en empara aussitôt.

– Je suis vraiment confuse, s'excusa la femme. Je ne vous avais pas vu.

Elle tendit au valet le bijou qui oscillait au bout d'un ruban de soie rouge. Antoinette, qui avait observé la scène, se précipita sur la femme.

– Elle a échangé le diamant contre une pierre en verre ! s'écria-t-elle.

Mais la fausse comtesse ouvrit les mains : elles étaient vides.

– J'ignore de quoi parle cette jeune fille, répliqua-t-elle en s'adressant aux gardes. Il n'y a pas de mal, le diamant est de nouveau en place.

Au même instant, Jean reconnut Gilles qui, ayant surgi lui aussi de derrière le paravent, se dirigeait vers la porte, l'air indifférent. Un ruban de soie rouge pendait de la poche de sa veste. La fausse comtesse lui avait donc passé le véritable diamant.

Le garçon devait arrêter Gilles. Comment ? Soudain, il vit l'épée se balancer à la ceinture du garde à côté de lui. Sans hésiter, il se saisit de l'arme et la sortit de son fourreau. Le garde n'eut pas le temps de réagir, Jean barrait le passage qui menait à la galerie des Glaces et menaçait Gilles de son épée.

– Cet homme a caché le véritable diamant dans la poche de sa veste ! hurla-t-il. Celui qui est sur le coussin est en verre.

Les gardes comprirent enfin ce qui s'était passé. Ils maîtrisèrent Gilles et la fausse comtesse. Brinon qui, sans se douter de rien, attendait ses complices devant le château, fut arrêté lui aussi.

Deux jours plus tard, Antoinette était seule avec sa mère dans l'appartement. Son père était chez le roi, et Isabelle se promenait dans le parc avec des amies. Elle tenait à leur annoncer la grande nouvelle : Maurice de Lamotte, qui avait été libéré après l'arrestation des malfaiteurs, avait demandé sa main.

Antoinette avait des nouvelles à annoncer à Jean.

– Maman, s'il te plaît, supplia-t-elle. Laisse-moi prendre un peu l'air. Une promenade ferait du bien à Mimi.

Elle ne précisa pas qu'elle devait retrouver le garçon d'écurie.

La comtesse de Mornay était assise sur le canapé. Elle était de bonne humeur. Ses deux filles étaient saines et sauves et on avait retrouvé son collier de perles avec d'autres objets volés dans l'appartement de Geneviève.

– C'est d'accord, accepta la mère en souriant. Mais ton père n'a pas besoin de le savoir, ajouta-t-elle en soupirant. Dès demain, tu auras de nouveau des journées réglées, avec le retour de mademoiselle Dupont.

– Merci, Maman!

Antoinette embrassa sa mère sur la joue. Puis elle passa sa laisse à Mimi et l'entraîna dans le parc.

Lorsqu'elle arriva au bassin d'Apollon, Jean attendait à côté de la statue, comme la première fois qu'elle l'avait retrouvé. Tout excité, il courut vers elle.

– Imagine-toi que je vais aller dans une école de pages, commença-t-il avant qu'Antoinette n'ouvre la bouche. Seuls les fils de nobles ont le droit d'y aller, mais le roi a déclaré que la France avait besoin de jeunes gens courageux comme moi.

Il rayonnait.

– Ce qui me plaît le plus, c'est que je vais apprendre l'escrime.

– Jean le mousquetaire !

Antoinette s'inclina à la manière d'un garçon en ôtant un chapeau imaginaire.

– Je t'imagine déjà en uniforme.

Jean éclata de rire.

– Et toi, comment le roi t'a-t-il récompensée ?

– Je n'irai pas à l'école au couvent, expliqua-t-elle triomphante, il a autorisé ma gouvernante à poursuivre mon éducation. Et puis Charles Lebrun, le peintre de la cour, va me donner des cours de peinture.

Antoinette réalisait difficilement que le roi avait exaucé son vœu le plus cher.

– Rien de tout cela ne serait arrivé, ajouta Jean malicieusement, si j'avais porté la lettre à la bonne adresse. Ça profite parfois de faire des erreurs.

Solutions

1. Un vol au château (p. 15)

Pour comprendre le message, il faut rétablir les bons espacements entre les mots. Le message devient :
Ton comportement inconséquent pourrait faire échouer notre plan. Cesse immédiatement de voler des bijoux. Le butin doit disparaître pour éviter qu'on ne nous découvre. Apporte-le avec le dessin dans la petite écurie. À midi pétant, près des box des chevaux. Brinon a un besoin urgent du dessin, sinon il n'aura pas assez de temps et tout cela n'aura servi à rien.
Ton G.

2. Une enquête infructueuse (p. 24)

Si le garçon n'a pas porté la lettre, comment sait-il qu'elle a été livrée dans l'aile sud ? Antoinette ne l'avait pas mentionné.

3. Retrouvailles dans le parc du château (p. 33)

Jean est derrière la statue à droite.

4. Une révérence de trop (p. 43)

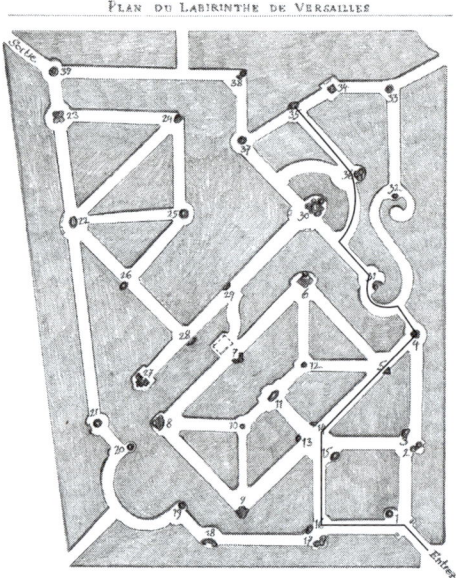

PLAN DU LABIRINTHE DE VERSAILLES

Le point de rencontre se trouve près de la fontaine numéro 35.

5. Surprise dans le labyrinthe (p. 53)

Il s'agit de la comtesse de Villiers, qui vit dans l'appartement voisin.

6. Deux espions en herbe (p. 62)

Jean est parvenu à lire le titre du livre dans le miroir. Il s'agit du *Livre des poisons*.

7. Une nuit éprouvante (p. 71)

L'homme a ajouté la lettre «l» dans chaque syllabe. Il a dit :

« Ta sœur est en grand danger. On l'a kidnappée. Tu dois la trouver. L'homme du bassin d'Apollon a vu ce qu'il s'est passé. Tu ne dois rien dire à personne, car ils pourraient lui faire du mal. Dépêche-toi avant qu'il ne soit trop tard ! »

8. Sur les traces d'Isabelle (p. 81)

La troisième clé à partir de la gauche est la bonne.

9. Dans la ménagerie (p. 90)

Ils veulent voler un diamant. Le texte doit être lu dans le sens inverse :

A = Cabinet des médailles
Diamant de la couronne constamment sous bonne garde

B = Salon d'Apollon
La comtesse doit échanger le diamant

C = Chambre du roi
⟶ = Chemin du valet

Glossaire

Chaise à porteurs : cabine munie de brancards dans laquelle des hommes transportaient une personne.

Doge : titre du souverain des anciennes républiques de Gênes et de Venise.

Ésope : poète grec connu partout en Europe pour ses fables animalières. Pour son fils, Louis XIV fit ériger à Versailles un labyrinthe avec des fontaines représentant les animaux des fables d'Ésope.

Galerie des Glaces : salle d'un château dont les murs sont recouverts de miroirs. Dans la galerie des Glaces de Versailles, 350 miroirs ont été assemblés. On y organisait des fêtes somptueuses et l'on s'y promenait pendant la journée.

Garde : correspond aux gardes du corps et du château du roi.

Gouvernante : préceptrice qui instruit les enfants des familles nobles.

Grande Écurie : bâtiment d'une cour princière abritant les chevaux et les calèches. Dans la Grande et la Petite Écurie de Versailles vivaient aussi le maître des écuries, les garçons d'écurie et les forgerons.

Lebrun, Charles (1619-1690) : peintre et architecte français, qui a travaillé pendant un temps à la cour de Louis XIV. Il réalisa l'ornementation de la galerie des Glaces et d'autres pièces à Versailles (peintures des murs et des plafonds).

Lever : cérémonie qui commençait tous les jours à huit heures quinze.

Ménagerie : zoo situé dans un château, où le roi présentait des animaux exotiques. La ménagerie de Versailles est considérée comme l'ancêtre des zoos actuels.

Message codé : un message écrit de telle sorte que les personnes auxquelles il n'est pas adressé ne puissent pas le déchiffrer.

Mousquetaires : soldats armés de mousquetons. Les mousquetaires de la garde étaient chargés de la sécurité du roi. En cas de guerre, ils allaient également se battre.

Pavillon : petite bâtisse généralement ronde ou octogonale.

Perrault, Charles (1628-1703) : auteur français surtout connu pour ses contes. Il a également rédigé un livre sur le labyrinthe de Versailles.

Salon d'Apollon : salle du trône située dans les appartements du roi. Elle était dédiée à Apollon, le dieu grec du Soleil.

Secrétaire : meuble avec une tablette dont les tiroirs pouvaient fermer à clé.

Soirée : à Versailles, des soirées étaient organisées trois fois par semaine dans les appartements royaux. Il y avait un buffet proposant des mets et des boissons, et de la musique sur laquelle on dansait.

Chronologie

1638
Naissance de Louis Dieudonné, le 5 septembre, à Saint-Germain-en-Laye.

1643
Mort de Louis XIII, son père. Louis Dieudonné monte sur le trône et prend le nom de Louis XIV. Jusqu'à sa majorité, sa mère, Anne d'Autriche, assure la régence, avec l'aide du cardinal Mazarin, son Premier ministre.

1648
La France gagne la guerre de Trente Ans.

1648-1653
Une période de troubles, appelée la Fronde, éclate. Le Parlement et les princes se révoltent contre le pouvoir absolu de la monarchie.

1651
Déclaré majeur, Louis XIV exerce ses fonctions de roi avec le soutien du cardinal Mazarin.

1654
Louis XIV est sacré roi à Reims.

1657
La France combat l'Espagne et les Pays-Bas espagnols.

1659

La France et l'Espagne signent le traité des Pyrénées. Philippe IV, roi d'Espagne, donne sa fille, Marie-Thérèse, en mariage à Louis XIV.

1660

Louis XIV épouse Marie-Thérèse.

1661

Mort du cardinal Mazarin. Louis XIV décide de régner sur la France sans Premier ministre. Il se considère comme le monarque absolu, qui reçoit le pouvoir de Dieu.

1661

Louis XIV entreprend des travaux d'embellissement de l'ancien pavillon de chasse de son père à Versailles.

1664

Louis XIV organise sa première grande fête à Versailles. D'autres suivront. Partout en Europe, on l'appelle le Roi-Soleil.

1665

Mort de Philippe IV, le beau-père de Louis XIV. En guise d'héritage, celui-ci réclame à l'Espagne les Pays-Bas espagnols, qui lui sont refusés.

1667-1668

La guerre de Dévolution éclate entre la France et l'Espagne.

1668
Le traité d'Aix-la-Chapelle met fin à la guerre de
Dévolution entre la France et l'Espagne. Louis XIV
restitue la Franche-Comté à l'Espagne, mais il
conserve les places fortes du Nord qu'il a prises.

1672
La France et l'Angleterre déclarent la guerre aux
Pays-Bas.

1678
Par le traité de Nimègue, Louis XIV remporte la
guerre.

1682
Louis XIV déplace le gouvernement et la cour de
Paris à Versailles.

1683
Mort de la reine Marie-Thérèse. Louis XIV épouse
secrètement la marquise de Maintenon.

1684
Louis XIV occupe le Palatinat.

1685
Louis XIV révoque l'édit de Nantes, interdisant
de ce fait la liberté de culte aux protestants. Les
églises protestantes sont détruites et près de deux
cent mille protestants quittent le royaume et se
réfugient dans des pays de culte réformé.

1685
Louis XIV reçoit le doge de Gênes à Versailles.

1686
La Ligue d'Augsbourg réunit une grande partie de l'Europe pour s'opposer à la politique de conquête de la France.

1688-1697
Louis XIV envoie de nouveau des troupes dans le Palatinat. La guerre de la Ligue d'Augsbourg oppose la France à une large coalition européenne.

1697
Le traité de Ryswick met fin à la guerre de la Ligue d'Augsbourg.

1700
Le roi Charles II d'Espagne meurt sans laisser d'héritier. Cet événement déclenche une longue guerre, ayant pour enjeu le trône d'Espagne, qui oppose la maison des Habsbourg à la France.

1702-1713
Pendant la guerre de Succession d'Espagne entre la France et la maison des Habsbourg, Louis XIV tente d'obtenir le trône d'Espagne pour son petit-fils, Philippe.

1er septembre 1715
Mort de Louis XIV à Versailles.

Le règne de Louis XIV

Roi par la grâce de Dieu

Le 14 mai 1643, un enfant de quatre ans monta sur le trône de France. Comme le petit Louis était beaucoup trop jeune pour diriger le royaume, sa mère, Anne d'Autriche, assura la régence. Mais c'est le cardinal Mazarin qui traitait les affaires de l'État. Celui-ci était déjà Premier ministre du vivant de Louis XIII, le père du jeune Louis XIV.

La période était très troublée. Les décisions prises par la maison royale ne satisfaisaient pas le peuple français. Louis XIII avait limité l'influence des nobles et augmenté les impôts. Le cardinal Mazarin poursuivit cette politique jusqu'en 1648.

À ce moment-là, des soulèvements – la Fronde – eurent lieu un peu partout en France. Les princes rebelles exigeaient des droits plus importants. De leur côté, les paysans et la bourgeoisie voulaient voir leurs impôts baisser. Anne d'Autriche et son fils furent contraints de fuir Paris. En 1653, le Premier ministre parvint enfin à reprendre le contrôle sur le peuple et la noblesse.

À treize ans, Louis XIV fut déclaré majeur. Il continua à diriger le pays avec l'aide de Mazarin. Mais, en 1661, à la mort de ce dernier, il refusa de partager le pouvoir avec un nouveau Premier ministre et n'en nomma aucun. N'ayant pas oublié les années de trouble de son enfance et l'insurrection de l'aristocratie, il empêcha les princes d'avoir voie au chapitre. Il était convaincu qu'il était roi par la grâce de Dieu et que lui seul avait le droit de diriger le pays. Il s'entourait de ministres, mais lui seul décidait. Devenu un monarque absolu, il choisit le soleil pour symbole et fut appelé le « Roi-Soleil ». À l'image du Soleil autour duquel gravitent les planètes, il se considérait comme le centre du monde.

Louis XIV voulait régner sur la France et sur l'Europe entière. Pour y parvenir, il mit sur pied une puissante armée dont les soldats étaient à sa disposition même en temps de paix. Cette politique de conquête provoquait des guerres incessantes et déplaisait fortement aux autres pays européens.

Louis XIV aspirait à une suprématie à la fois politique et culturelle. Il favorisa le mécénat des peintres, des poètes, des musiciens et des scientifiques. Il influença la mode et fit construire des châteaux somptueux. Même si on redoutait partout l'armée française, le rayonnement culturel de la France était tel que les princes et les rois des pays voisins avaient les yeux rivés sur elle.

Mais le mode de vie du Roi-Soleil et ses guerres continuelles coûtaient très cher au pays. Les impôts ne suffisaient plus à financer ce luxe. Colbert, le ministre des Finances de Louis XIV, trouva un moyen de remplir les caisses de l'État. Il limita l'importation des produits de luxe étrangers, tels que les étoffes raffinées, la porcelaine et les miroirs afin de les faire fabriquer en France.

Le fruit de la vente de ces produits resta donc dans le pays, ce qui relança l'économie. Parallèlement, il favorisa les exportations, ce qui apporta une source de revenus supplémentaire. Et sur les rares produits importés, Colbert augmenta les droits de douane.

À la mort de Louis XIV, en 1715, après 72 ans de règne, la France était considérée comme le pays le plus puissant d'Europe et le plus florissant en termes d'économie et de culture. Plus tard, on a donné le nom de Grand Siècle à la période de règne du Roi-Soleil.

Versailles, le plus somptueux de tous les châteaux

Le roi Louis XIV avait treize ans lorsqu'il se rendit pour la première fois dans le pavillon de chasse, situé dans le village de Versailles, non loin de Paris. Ce petit château avait été érigé sous le règne de son père. Louis XIII aimait en effet chasser dans les forêts alentours. Bientôt, son fils y séjourna régulièrement.

En 1661, le jeune roi décida d'apporter des embellissements au pavillon. Il rêvait d'un château, dont la taille lui permettrait d'accueillir le gouvernement et la cour. Il voulait attirer les nobles afin de mieux contrôler leurs agissements. Bientôt, Louis XIV réunit autour de lui les plus prestigieux architectes, sculpteurs, peintres et paysagistes. Le pavillon de chasse allait devenir un palais somptueux, comme il n'en existait nulle part ailleurs.

Les premiers travaux commencèrent la même année. Mais il fallut près de trente ans pour achever le nouveau château et ses jardins. Certains jours, plus de vingt mille ouvriers contribuaient à concrétiser les projets du roi.

Si le château fut très long à construire, le parc de Versailles aussi. En vue de l'aménagement des jardins, des terrasses et des allées, il fallut assécher un étang, puis enlever des tonnes de terre. En

1682, avant l'achèvement des travaux, le roi et sa cour quittèrent Paris pour s'installer au château de Versailles. Comme, très vite, il ne fut plus assez grand pour accueillir toute la cour, il fallut entreprendre des agrandissements. Les nobles qui avaient emménagé en même temps que le roi durent supporter longtemps le bruit et la poussière des chantiers.

Mais cet inconfort fut largement compensé par les nombreux divertissements que le roi proposait à ses invités. Les fêtes somptueuses donnaient lieu à des festins, des concerts, des représentations théâtrales, des opéras et des bals. Les jours de pluie, on pouvait jouer au billard ou s'adonner à des jeux de hasard. Par beau temps, on avait le loisir de se promener le long des allées et des plates-bandes fleuries du parc, d'admirer les bassins ou de faire une promenade en gondole sur le Grand Canal.

Le petit pavillon de chasse se transforma progressivement en un immense palais, comparable à une ville par le nombre de ses habitants. Le bâtiment principal et les constructions annexes abritaient environ vingt mille personnes : le roi et sa famille, les nobles et leurs familles, les valets et les femmes de chambre, les pages, les cuisiniers, les jardiniers, les garçons d'écurie, les cochers...

Selon le rang que l'on tenait, on se voyait attribuer un vaste appartement ou une petite chambre. Certains appartements n'étaient pas chauffés. Ils n'avaient ni cuisine ni salle de bains, et les pots de chambre faisaient office de toilettes. L'odeur était si insupportable que l'on devait s'asperger de parfum. Mais rien ne valait de vivre dans le plus grand et le plus somptueux château d'Europe.

Le roi et sa cour

Le quotidien à la cour était strictement réglementé. Ceux qui ne se conformaient pas à l'étiquette n'avaient rien à espérer. Il fallait suivre les consignes à la lettre : on s'habillait, on se saluait et on se comportait avec les autres selon certains codes bien établis. La journée du roi suivait, elle aussi, un déroulement précis.

La cérémonie du lever, qui avait lieu chaque matin, s'organisait toujours de la même façon. On

savait qui avait le droit de pénétrer dans la chambre du roi et qui devait lui tendre sa chemise ou son pantalon. Le soir, le coucher du roi suivait le même rituel.

Les aristocrates aspiraient à faire partie du cercle rapproché. C'était un grand honneur de participer à ces cérémonies, même pour y porter le pot de chambre du roi. Mais être dans les bonnes grâces du roi ne signifiait pas que l'on y resterait toujours. Un petit impair ou une saute d'humeur du monarque suffisaient à se voir privé de ses privilèges. Pour un ancien favori, le pire était de tomber en disgrâce.

Aucun noble n'échappait à l'étiquette, car le Roi-Soleil exigeait des princes et de leurs familles de passer une partie de l'année au château. En outre, la vie à la cour était coûteuse. Toujours élégamment vêtu, le Roi-Soleil attendait la même chose de son entourage. La mode européenne se créait à Versailles. Si Louis XIV inaugurait de nouvelles chaussures à talons rouges, ses courtisans voulaient porter les mêmes. Toutefois, ce luxe n'était pas à la portée de certains nobles, qui devaient alors s'endetter.

Malgré les dettes, les appartements non chauffés, les couloirs puants et l'étiquette stricte, tous aspiraient à répondre aux attentes du roi. Vivre aux côtés du monarque n'était pas un devoir mais un immense privilège. Pour jouir de ses faveurs, ils étaient prêts à tout.

Table des matières

PAPIER À BASE DE
FIBRES CERTIFIÉES

Hatier s'engage pour
l'environnement en réduisant
l'empreinte carbone de ses livres.
Celle de cet exemplaire est de :
700 g éq. CO_2
Rendez-vous sur
www.hatier-durable.fr

Achevé d'imprimer par Grafica Veneta S.p.A. - Italie
Dépôt légal : 02783-1/01 - Mars 2017